愿景

行动

把课改
作为方法

褚清源 / 著

江西教育出版社
JIANGXI EDUCATION PUBLISHING HOUSE
·南昌·

赣版权登字-02-2023-048

图书在版编目（CIP）数据

把课改作为方法 / 褚清源著. –– 南昌：江西教育
出版社,2023.5
ISBN 978-7-5705-3608-5

Ⅰ.①把… Ⅱ.①褚… Ⅲ.①中小学－课程改革－
研究 Ⅳ.①G632.3

中国国家版本馆CIP数据核字（2023）第049933号

把课改作为方法
BA KEGAI ZUOWEI FANGFA
褚清源 著

江西教育出版社出版
（南昌市学府大道 299 号　邮编：330038）

出 品 人：熊　炽
责任编辑：苏晓丽
美术编辑：张　延

各地新华书店经销
南昌市红黄蓝印刷有限公司印刷
700 毫米 ×1000 毫米　　16 开本　　17 印张　　236 千字
2023 年 5 月第 1 版　　2023 年 5 月第 1 次印刷

ISBN 978-7-5705-3608-5
定价：58.00 元

赣教版图书如有印装质量问题，请向我社调换　电话：0791-86710427
总编室电话：0791-86705643　　　编辑部电话：0791-86708350
投稿邮箱：JXJYCBS@163.com　　网址：http://www.jxeph.com

序 言

吕同舟

清源是我的同事。作为《中国教师报》的一名资深记者，他始终保持鹰一般敏锐的洞察力；作为教师报《现代课堂周刊》的主编，他长期深耕课改这块沃土，从一个忠实的观察者、记录者逐渐成长为课改的思考者、推动者。十年寒暑，百家交流，千课实评，万里行走，课改路上，他一路走来，记录着，思考着，写作着，如蜂酿蜜，似蚕吐丝，形成了数百篇以课改观察为眼、以课改热点为据、以课改推进为线、以课堂样态为面的课改观察。在这丰富的文字中，有伯乐慧眼识珠，将其优秀文章结集成册，付梓出版，实为课改之幸事。

清源嘱我为之评介，实厚望于我。论课改思考我不及其深，论走访学校我不及其广，虽痴长两岁，实不敢妄评。然夜深人静之时，沏一酽茶，叼一烤烟，捧其文而读于卧榻之侧，如拔草寻芝，于野拾珠，竟欣欣然入味矣！

课改者，国之政。启育人之道，求明日之兴。

20余年来，课改之路便如中国教育路，一步一个台阶向着高水平、高质量迈进。课改也正在深刻改变着我国基础教育的课堂形态、授课形式、师生关系、学习内容、考试评价、班级管理、学校管理、校外及家庭教育等教育改革的方方面面。那是十本书、百本书也写不完、写不清楚的。

清源这本书不是体系完整、逻辑严密的学术专著。它如同中国山水画中的白描，独辟蹊径，另起角度，以记者之眼，讲述他自己的认知。你千万不要以为他不是学术研究成果就缺少价值，恰恰相反，这本书有着其他课改学术性著作所不具备的价值，那就是课改的真知和思想的真识。

这本书中谈到了防止课改功利化，触及了课改内卷之痛，关注了课改成也校长、败也校长，更关注了教师课改的变量与局限。作者希望把课改作为教师成长之法、破圈之法，作为学生成长之法、成才之法，作为学校教育走向高质量发展之法。总之，这本书你可以说它青涩而不够成熟，说它庞杂而不够"专业"，说它浅尝辄止而缺乏掘地三尺的深刻，但你一定会认可作者的真诚和勇敢，一定能感受到作者直面问题的勇气和一位教育新闻人的热腾腾的课改情怀。正所谓——

千峰万壑展雄图，

化雨春风杨柳拂。

平生做得一大事，

道不远人德不孤。

2023 年 2 月 21 日

写在前面

  我的小学时光是在村小度过的。20世纪80年代的村小，还没有被城市现代文明俘虏。那个时候，村小的贫困不只是物质方面的，还包括教学的理念和方式。但是，四年级的时候，同村的任德诊老师打破了我对老师的刻板印象。任老师是我的数学老师兼班主任，尽管当时已经50多岁了，但她的思想却不保守。她很严肃，手里常常拿着一根教鞭，这不只是辅助教学的工具，还是"戒尺"，那个时候教鞭打在学生身上是爱和教育，绝不会被认为是体罚。任老师的"不一样"当然不是她的严厉，而是她常常越界，做一些超越其学科范围的事情。比如，课余时间她从家里拿来录音机教我们唱流行歌曲，她还教我们画简笔画。夏天最热的时候，她索性带我们到学校附近小河边的树林里上课，课间最有意思的玩耍就是下河捉鱼。

  初中一年级的时候，第一次写作文，教语文的许士月老师让我们围绕这个新班级写一篇作文，题目自拟，体裁和字数不限。恰好我刚读过几首现代诗，于是模仿着写下了"人生中的第一首诗"，说是诗，其实只是分行的文字而已。让我意想不到的是，作文本发下来的时候，我竟看到了许老师用红笔写下的将近一页的评语。那一刻，我内心激动不已。毫不夸张，那是激励我爱上写作的关键事件。

高二时我遇到了乔林老师，教我们数学。几年前他不幸英年早逝，但每次同学聚会大家都会想起他，对他念念不忘。当年他还是一位新手教师，缺少经验，但人很真诚。他在黑板上解题时经常一不小心就陷入了困境。这个时候，救场的常常是班里的那些学霸。乔老师从不掩饰自己的尴尬，从他的脸上我们同时读出的还有他发自内心欣赏自己学生的真诚。他从不一味"示强"，而是坦然接受自己"并不强于学生"。得到创始人罗振宇的办公室里有一句话："没有任何道路通向真诚，真诚本身就是道路。"今天看来，这样的真诚并不容易做到。

大学时期，承担我们中国新闻史教学的是王洪祥教授。他的课很少有人翘课，不仅是因为他课上得好，还因为他是真心对我们负责的老师。在他的课上，新闻史不是由时间、重大事件和关键人物组成的，而是由故事、思考和他那让人感动的情绪组成的。王教授特别会讲故事，讲到激动处，悲愤与欣喜他都会溢于言表。他的课应该是我们在大学里听到的最好的课。到了周末，他会带着自己的夫人坐公交车从市区来到我们位于郊区的学校，教我们跳舞。我们有一个集体性的共识，王教授是一位好老师。他不仅教我们知识，还关注我们学习以外的事情，与我们遇到的其他大学教师明显不同。

整理完书稿，要写这篇"写在前面"的文字时，求学时期的这几个场景在记忆中苏醒了。几位老师是我记忆里关于好老师的具体形象，也是挥之不去的念想。

这的确是一种美好的存在。那个年代，还没有今天课改倡导的新理念，但是，我真切感受到了来自老师的热爱、欣赏、真诚和支持，他们身上都携带着今天的课改因子。作为教师，你的每一次努力都可能留在学生的记忆深处。正像只有热爱生活的人才能创造生活一样，只有热爱教育的教师才愿意投身创造，才更容易在教学中诞生故事。

而课改正是一场来自教师的创造之旅。如果把课改放在更大的时间尺度内审视，其实，每一代教师都在努力改变，只是方式和表达不同而已。

工作以来，我在不同场合同样遇到了不少满怀职业热情的优秀教师。

比如，台湾教师李玉贵和吴慧琳，两个人上课，一个课堂安静，一个课堂沸腾，但是这种巨大反差背后却有同一个让人心生敬意的特点：她们举手投足间彰显着对儿童的尊重。从她们身上我看到了理念的力量，也再次看到了"知道与做到之间的鸿沟有多深"。很多时候，我们能与她们进行理念上的对谈，却在课堂实践中被拉开了距离。李玉贵的语文课上得很慢，她说："好的课堂是上着上着老师就不见了。"在她心中，"课大于天"。即便是公开课，她也不愿意让学生沦为道具——牺牲学生学习的利益来满足观课者的需求。吴慧琳老师的音乐课上，她从来不会一本正经地"教"，而是带学生用身体感受旋律。如果说好的教学不是"告知"，而是"感知"，那么吴慧琳老师做到了。

比如，北京数学特级教师张宏伟和上海语文名师郑艳红，从他们身上，我同样看到了好老师的魅力。他们总是放低身段，懂得示弱，以"生"为师，善待学生的旁逸斜出。张宏伟的数学课给学生最大程度的安全、自由、鼓励、尊重和信任，他尊重学生在学习上所有不逾越底线的想法和行为，他的数学课是"浪漫"的，他会引导学生用汉语词典查阅数学概念，借助回文诗来学数学中的"对称"，因为他遵循的不仅是学科逻辑、生活逻辑，还有学生的学习逻辑。在郑艳红老师的课上，她将自己低到了尘埃里，作为高中语文教师，她放弃了自己"教"的优势，视倾听学生为自己的使命，用真诚的身体语言定义了课堂上教师最美的姿态——倾听。

这些名师的课如此之好，没有多少理所当然。他们都深深爱着自己的教学，保持对教育教学的独立思考，都善于主动谋变。好教育正是由这样的一个个好老师组成的。

我想诚实地宣告：这本书也是写给他们的——那些深刻影响过我的老师。

记得北京十一学校龙樾实验中学校长王海霞曾在一次演讲中说，"以前做校长我更关注事，关注问题解决，现在我更关注人，因为所有的事情都是为人服务的"。但现实中人很容易被遗忘。课改是成就人、发展人的手段。当我们投身课改时，不能偏离了"人"这一最高目的。如果我们言说课改时谈的都是集体的人、抽象的人，而少有具体的人、生动的人，那么，课改将是没有生趣的。如果教育的长远目标被悬置了，那么近期目标也注定会偏离。

何谓课改？抛去学理上的解释，我认为，课改就是种植思想，点燃热情，保持饥饿。倘若那些投身课改者的行动总是不被看见，不被肯定，终有一天，热情的额度会被消费殆尽，越来越多的教育人会远离课改，成为看客的一部分。

课改是理想与理想的结盟，是热情与热情的拥抱。20年来，我从朱永新先生发起的新教育实验中，从以杜郎口中学为代表的高效课堂中，从陈静静博士竭力推动的深度学习共同体中……看到了民间力量对课改的热情，这些力量更容易让人看到有故事的课改，看到有丰富面孔的课改。

这本书就是营销热情、负责提醒的书，提供了我个人近年来对课改的观察。这是一本提供观点的书，尽管在结构上安排了先后顺序，但是，这本书你随意翻开一页开始阅读，都可以带你进入一个课改话题。为了方便读者阅读，我专门在每一辑的最后对核心观点进行辑纳，做了"观点回看"。在这本书里，你会不断遇见一些新理念、新表达、新经验，但是，我依然想提醒读者中的教师，书中的一些观点可能携带着某一时期的认知偏见，不要轻易做某个观点的俘虏，除非你实践了它。

2022 年 11 月 1 日于北京

目 录
MULU

序言

写在前面

第一辑　打捞课改的声音

把课改作为方法　　　　　　　　　　　　　　003

课改的变量与观念的水位　　　　　　　　　007

课改中的对立、惰性与经验茧房　　　　　010

课改不能止于改课　　　　　　　　　　　013

课改是不断走出偏见的过程　　　　　　　015

纠偏，让课改走向更深处　　　　　　　　018

别让课改成了功利者的道具　　　　　　　021

课改，请与虚假的繁荣说再见　　　　　　024

课改不是画圈，而是破圈　　　　　　　　027

课改不是万能的，也不是"万恶"的　　　030

课改也需要反"四风"　　　　　　　　　033

课改成也校长，败也校长　　　　　　　　036

迈向深度课改要拒绝什么　　　　　　　　039

课改的下半场需要警惕什么　　　　　　　041

如何将课改的共识成本降到最低　　　　　044

守望灯塔，课改才不会偏离航道　　　　　047

观点回看　　　　　　　　　　　　　　**049**

第二辑　教育的灵魂之问

我们的教育会好吗　　053

衡水中学惹谁了　　056

为什么说高中教育要摆脱内卷　　059

为什么高中课改身陷重围　　062

为什么北京十一学校的改革值得捍卫　　064

为什么要支持课改局长"郝金伦们"　　067

为什么"问题学生"的问题总是难被打捞　　070

怎样让学生在教室里也有"在家之感"　　073

我们该如何认识第 56 号教室里的雷夫　　076

"开学第一课"到底是谁的第一课　　079

许孩子一个美好的童年到底有多难　　081

"上学"可以成为一场有趣且有意义的奔赴吗　　084

为什么说懂学生才能爱到学生的需要处　　087

如何让教育向"好玩"处生长　　090

观点回看　　**093**

第三辑　打破教学的贫困

教学，请把"减法"作为方法　　097

课堂教学不能陷入技术的泥潭　　100

人人创课，才能打破教学贫困　　102

课堂因重建而具有作品感　　105

让教与学在课堂上实现协同"交响"　　108

读懂了细节就读懂了课堂的秘密　　111

打捞那个年代"动的教学" 114

向马大帅学习课堂上的"为师之道" 117

叶澜：真诚是课堂改革的"药引子" 120

救赎课堂到底要救赎什么 123

为什么教学要从对标艺术走向对标科学 126

杜郎口中学的浪漫与初心 129

我们对高效课堂有多少误解 132

教学模式不能止于从 1 到 N 的低层次复制 135

当课堂形变之后，质变如何变 138

当我们跳出课堂之外 141

观点回看 **144**

第四辑　让同学成为同学

从痛点再出发的合作学习新样态 149

合作学习意识再次觉醒的 6 个细节 152

课堂是"练习习惯"的地方 155

课改深度的标尺是颗粒度越小，课堂品质就越高 158

如何收集学情才能教到学生需要处 161

走近佐藤学并识别学习共同体的价值 165

走到距离学生最近的地方去研究 168

素养学习的芯片：让同学成为"同学" 170

台湾教师李玉贵的眼泪为谁而流 174

我们欠学生一堂"倾听课" 177

一堂数学课上浪漫远行的细节 180

从两个场景看课改人的远见 183

学习共同体的魅力　　　　　　　　　　186

学习共同体的秘密　　　　　　　　　　189

将教学放在"第一性原理"下再审视　　196

观点回看　　　　　　　　　　　　**199**

第五辑　学习是需要学习的

一朵具体的花，远胜于一千种理念　　　203

素养时代教学改进绕不过去的特点　　　206

整体化学习是实现课堂转型的关键　　　209

开启以学习为中心的"学改"之旅　　　212

逆向设计确保"教—学—评"的一致性　215

"新学习时代"的挑战　　　　　　　　218

疫情之下，当课堂正在"变大"　　　　221

课堂改革必须回应学生的学习困境　　　224

学习的"最初一公里"与"最后一公里"　227

从"授之以渔不如直接要鱼"说起　　　230

在任务驱动中遇见真实学习　　　　　　233

学而不习则疏　　　　　　　　　　　　236

提问课：给学生提出好问题的锦囊　　　239

有一种课叫"讨论课"　　　　　　　　243

整理课：让学生走出不会学习的围城　　247

重新认识自习课的地位与价值　　　　　251

观点回看　　　　　　　　　　　　**255**

写在最后

　　　　　　　　　　　　　　　　　　257

打捞课改的声音

DALAO KEGAI DE SHENGYIN

　　杜威说，"如果我们仍然以昨天的方式教育今天的孩子，我们就是在剥夺孩子的明天"。而现实中的学校教育却一直在昨天的秩序里打转。我们看到的是，铁打的教育日常，流水的改革理念与经验；我们需要反思的是，课改的"观念缺项"和"行动乏力"。于是，打捞那些课改暗处的声音，就显得弥足珍贵。

把课改作为方法

　　《义务教育课程方案和课程标准（2022年版）》重新定义了义务教育阶段的发展方向。这意味着一场"育人为本、素养导向"的课程改革正式开启。与20年前那场课程改革一样，这场极具召唤性的改革，让中小学教师又一次大规模地开始了一场集体学习。

　　今天再来谈课改，不同人的感受可能有巨大的不同。只有经历过世纪之交那场课改的人，才能明白"课改"二字在那个年代的分量和启蒙意义。那个时候，有一群人言必称"课改"，他们痴迷于课改，大有"舍我其谁"的豪迈气概，他们的心里分明藏着一种浓郁的教育情结。这从北京师范大学教授刘坚所直言的"一场真正意义上的改革，一定伴随制度重建，一定冲击文化传统，一定触及人的心灵"可以读出，从《中国教师报》原编辑部主任李炳亭的那句"课改就是从油锅里捞孩子"可以读出，从当年河南省西峡县教研室主任杨文普旨在破解钱学森世纪之问的"疑探教学"改革可以读出……

　　正是在那个时候，我频繁走进与课改有关的会场和课堂现场，倾听来自不同版本的课改故事。坦白说，我对课改的理解，正是源于那一代课改人的滋养。

我向来对那些主动投身课改的人心怀敬意。因为在改与不改之间，他们有太多的理由可以选择不改。教育的困境每天都在，如果只关注问题会让我们无力远行；如果起而行之，投身课改则代表着教育奔赴的希望。课改从来不是看到希望了才去行动，而是行动了才有希望。

今天，当我们谈论课改时，我们习惯于谈论什么？是概念、理念、现象，还是经验？加拿大教育学者迈克尔·富兰在《教育变革的新意义》一书中说，"变革是一个过程，不是一个事件"。我们就来谈谈课改过程中那些容易被遮蔽的现象。比如课堂在公开课中被过度审美化；课改在一所学校里出现"建了拆、拆了建"的现象，课改总是不断地开始又潦草地结束；人们对那些现象级的课改经验追逐得多，却追问得少；因为忙于创造课改经验，却忽略了身处课改之中的人——教师与学生，忙着追求解决眼前的问题，却掩盖了问题背后更大的诉求。

这显然早已成了一种困境。有时候，我们一不小心就把手段当成了目的；还有些时候，我们身处问题之中却不自知。这是课改异化可能造成的巨大风险。于是，我们需要自我提醒：投身课改但不能沦为课改的囚徒，赢得课改的阶段成果，却不能忘记课改的终极目的。

课改只是通往理想教育的途径与方法，成就人、发展人，基于立德树人根本任务的育人才是目的。伴随着新课标的发布，课改正在成为学校教育新常态，我们有必要秉持"把课改作为方法"的理念，再次审视课改日常。

当我们在课改中常常"见小不见大""见事不见人"时，把课改作为方法，就是要秉持教育的高阶思维——高举"育人为本"的旗帜。华中师范大学教授陈佑清曾这样批判："我国中小学教育的主流文化是以帮助学生取得应试成功为核心取向，其他取向的教育文化则为亚文化。"课改如果只是为了提高分数，那么"教学将会降格为技术"，教育的内涵将会被不断压缩。《义务教育课程方案和课程标准（2022 年版）》中"育人"二字出现了 19 次。这实际上是一种提醒。新课程倡导育人为本，是以人为本基础上的深化，课改不是以培养考试成功者为价值取向的，而是培养具有核心素养的建设者和接班人。我们欣喜地看到，那些优秀教师通常能够坚持育人为本，能超越一堂课的目标，观照学生的长远发展和精神成长。

当我们热衷于追逐名校经验而少有追问时，把课改作为方法，就能跳出经验的羁绊，保持独立思考。每一种理念和经验都具有一定的遮蔽性，经验让我们深刻认识某一点的同时，也可能遮蔽了另一部分。从这个层面说，"经验"是有毒的，始终保持开放性和对复杂性的认识，才能走出对课改认识的偏狭。我们也发现，当新一轮课改到来的时候，一些曾经创造了课改经验的名校长和专家，开始慢慢滑入温柔却危险的陷阱。他们困在自己的经验里自说自话，忙于捍卫自己的"课改正确"，不断加固自己的经验，却很少反观经验的漏洞与不足。在不断优化既有经验这一点上，上海市静安区教育学院附属学校校长张人利的"后茶馆式"教学给我带来了启示。"后茶馆式"教学从提出到今天是不断发展的，不断植入新的理念、技术和方法。

当我们总是习惯于从自己最熟悉的地方出发时，把课改作为方法，就是系统化、精准化实施，把学校课改方案放在一个框架内来有规划地推进。在实践层面，课改往往是分阶段的。每个阶段都有属于这个阶段的特定问题，不同阶段的诉求自然不同。课改初始阶段与中后期要解决的问题一定是不一样的。课改的启动阶段需要求同存异，这个时候共识就是最好的免疫力，共识就是生产力；课改的深化阶段需要存同求异、和而不同才能产生更大的思想张力。但是，课改又是非线性发展的。借用怀特海谈到的"浪漫—精确—综合"三个阶段，这既可以对应课程建设的阶段，也可以对应教学改革的阶段。课改源于浪漫，终于综合，精于精确。课改人要厘清自己所处的课改阶段，并且不断追问：学校的改革正处在何种阶段？迫切需要解决的问题是什么？课改在浪漫阶段仅靠热情可以吗？

　　当我们迷失在花样翻新的技术创新中时，把课改作为方法，就是要敬畏复杂，回归简单。当教学改革一直以"加法逻辑"行进，且加到无以复加、不堪重负时，最终必然会回到教学的基本问题上来。这是一个改革者认识了教学的复杂性之后复归简单的过程。那么，教育的基本问题是什么？不外乎处理好三个关系，即师生之间的关系、教与学之间的关系、教书与育人之间的关系。如果继续追问三个关系背后的秘密你会发现，良好的师生关系通常被解释为"爱"的支持；教与学的关系可以理解为"教基于学，为了学，促进学"；教书与育人的关系则可诠释为，育人大于教书，也应该先于教书。处理好了这三个关系，也就守住了教学的基本规律。

　　今天，我们在看到越来越多的教师因为课改被唤醒的同时，也看到了课改的另一面——我们是否只触摸到了课改的一角。指向方法和技术的课改，往往需要将复杂的问题简单化；指向文化和战略的课改，则需要发现并解释技术之上的复杂性。

课改的变量与观念的水位

《观念的水位》是一本书的名字。观念与水位搭配可谓语言应用的又一次创造，如此形象，又如此贴切。

课改 20 年来，最为撕裂的部分可能就表现在观念层面。同样的理念有人支持，有人反对，还有一些人可能是在错误地理解。比如，备受人们关注的山东杜郎口中学的课改经验，有人从中看到了"少教多学"的改革机会，有人看到了"费曼学习法"在课堂上释放的力量，有人看到的是教师专业素养不高导致课堂深度不够的风险，还有人洞见的是对教师主导地位的威胁和改革止于方法的窠臼。

为什么不同的人总是表现出一种选择性"看见"？其背后的逻辑是，你心中已经储存了什么就会看到什么，你认同什么自然更愿意看到什么，当然，你所处的课改阶段不同，你看到的经验也自然不同。说到底，是立场不同、动机不同、视角不同、课改知识储备不同。

决定课改效果的变量有很多，但有时可能仅仅取决于你是否相信课改，是否付诸行动。而是否相信你看到的经验则取决于长期以来形成的"观念的水位"。

20 年可以平地筑起一座新城，可以改变一条河的流向，可以让一个婴儿长成阳光而出色的大人。但是，20 年却很难让教育的生态实现整体重构，因为教育改进的过程往往是缓慢的。

如果概括20年来基础教育发生的变化，我想，值得关注的一点就是观念水位的上涨。毫无疑问，因为新理念的参与，好课的样态、好教育的样态在不同学校和教师的探索中批量出现；因为观念水位的上涨，关于好教育的共识在不断达成。

比如，当下课改实践中的热词——大单元教学、做中学、项目式学习、综合学习、审辩与反思，这样的教育样态也许对于不少教师而言还做不到，但是越来越多的教师会因此心向往之，这就是凝聚共识的过程。

比如，疫情之下的在线教学尽管不可能彻底改变学校教育存在的形式，但是，的确在短时间内加速了人们对"互联网＋教学"和学生自我管理能力、自主学习能力亟待提升的认识。这背后就是人们整体观念水位的上涨。

比如，课改是分阶段的，课改的第一阶段是摸着石头过河，改革呈现出碎片化、局部突破的特征，这种试探性改革当然是存在局限的。课改的第二阶段是从零敲碎打的局部调整走向全面系统的整体变革，这就需要有系统规划的顶层设计能力。课改的这种阶段性特征是在课改实践中自然涌现出来的，理解了阶段特征会让行动更加从容。

从这个层面说，课改20年其实是塑造共识的过程。关于课改，新的共识达成得越多，观念的水位就会越高。

回到学校课改实践层面，我们会发现，学校教育的落后关键是观念的落后。正所谓"观念一变天地宽"，观念的更新才是硬道理，才是课改的充分必要条件。

20年来，课改一直存在理念繁荣而行动乏力的现实困境。于是，有人迷失于概念的丛林，有人寄希望于找到一试就灵的课改处方，有人怀疑课改可能达到的功效，有人则迫于周围的压力而裹足不前。

综观江苏洋思中学、东庐中学，山东杜郎口中学，以及后来的北京十一学校，这些学校成为课改典型无一例外都是主动谋变的结果。没有哪所学校是按照上级教育行政部门的指令选择了改革选项。当课改成为一种主动选择的行为时，关于课改的观念就会在行动中深化。

课改从来不是让我们双脚离开大地，课改是基于行动的哲学，行动是课改的最高纲领。"隔岸观火"永远无法窥见真实。只有下水，涉过险滩，历经艰难，收获过阶段性成功，然后再次回望时才能更清晰地理解课改。正如陶行知所说，行是知之始，知是行之成。坐而论道与纸上谈兵可以描述课改的方向，但永远无法洞见课改的真相。因为"说课改"与"做课改"是两条明显不同的轨道。就课改人而言，你的课改体验有多深，教育感悟才有多透彻。而真正让人心生敬意的，是那些看清了课改的艰难和不易之后依然愿意积极行动的教育者。

课改没有随随便便的成功，就像没有简简单单的失败一样。课改的成功有时候并不取决于顶层设计和"教育正确"，而取决于基层学校的主观能动性，基层校长和一线教师一旦有了投身课改的热情，就可能创造丰富的课改成果。

我相信，无论是成功还是失败，所有的课改实践都不会浪费，时间的累积总会兑现课改的结果，只是它可能是以一种观念的样态沉淀下来，然后在某一刻再反哺到实践中。

课改中的对立、惰性与经验茧房

　　课改总是伴随着问题而生的。课改越是深入，越可能遇到更复杂、更棘手的问题。课改的价值所在就是不断穿越问题的丛林，然后让问题成为通往理想教育的奠基石。在带来挑战的同时，问题也能成为资源、成为机会，其核心原因就是——在课改人的视野里，反思从未缺席。

　　反思的力量是巨大的。反思就像疗救课改肌体的"祛毒散"，可以让课改减少功利、矫正目标、及时纠偏。但是，在整个课改语境里，微观层面反思多，更高站位反思少；指向外部的归因多，指向自我的归因少。

　　新课改已经进入第三个10年，要走好课改新的10年，有必要循着反思视角再次检索课改中潜藏的风险和需要警惕的问题。

　　一是课改中的"二元对立"现象。在过去20年的课改实践中，不同阶段出现的二元对立现象并不少见。比如，力挺课程开发与致力于教学改革的分歧；具体到课堂教学内部，模式与风格、表达与倾听、动起来与静下来、知识与素养也一直存在观念上的"撕扯"。这种二元对立思维总是试图将课改的复杂性具象为某一点，然后批判一端，强调另一端，这让课改在实践场域呈现出一种"违和感"，也让课改过程的复杂性被悬置。

当我们强调课堂需要建模的时候，不能以牺牲教学的艺术和自由为代价；当我们强调"合作学习"的时候，并不是要忽略"独学"；当我们强调让课堂"动起来"的时候，并没有排斥"安静的学习"；当我们强调学生"表达"的时候，并不意味着要忽略"倾听"；当我们强调大单元教学时，对过去的单篇教学同样并不排斥……

课改中的二元对立现象最典型的当数"教中心"与"学中心"、"师中心"与"生中心"。课改20年来，流行最广的论断便是课改要"从教中心走向学中心、从师中心走向生中心"。最近又有学者抛出了新观点：教学要从"中心论"走向"关系论"。美国教育家帕尔默在《教学勇气》中写道："课堂不以教师为中心，也不以学生为中心，而是以伟大事物为中心。"伟大事物的背后一定有"关系"的支持，而决定"关系"的一定是"爱"，是教师的"爱生之心"。当然，就像研究教学技术一样，教师也要研究"爱"的方法。

"关系论"让教学超越了二元对立，走向了教学相生。课改要从二元对立走向"第三种选择"，即跳出非此即彼的逻辑，寻找课程与教学的协同，实现技术与艺术的和解。

二是课改中的"惰性思维"。对课改名校和成功经验的借鉴是课改20年来最常见的现象。"惰性思维"的典型表现就是"拿来主义"，寻找捷径、缺少创造，总有人试图在名校那里获取课改"秘籍"或"解药"，总有人对成功经验过于迷信，甚至盲从大于理性，缺乏足够的辨析力。

我们似乎已经丧失了对课改名校成功经验的警惕。那些成功经验经由不同人解释、传播，通常会被夸大或曲解，然而我们却一直在过度消费"课改成功学"的故事，在这种过度消费的过程中开始不自觉地对课改名校怀有过高的期待。

然而，有些成功经验也是有副作用的，更何况经验通常都具有一定的遮蔽性。

课改已经从寻找捷径的"电梯模式"切换到敬畏复杂的"攀岩模式",进入"慢养"阶段。课改很难有"最优解",需要回到寻求"基本解"的层面,放下一试就灵的投机心理和功利心态。

课改不是为了赢得鲜花和掌声,不是为了获得领导肯定,不是为了吸引媒体关注,不是为了赢得分数……课改需要守住一颗平常心,因为很多时候,课改的最大障碍不是教师的专业素养和教学技术,而是课改人的功利心。

三是陷入"经验茧房"的危险。就像在今天这个信息时代,人们很容易陷入"信息茧房"一样,课改人也容易陷入"经验茧房"。课改一方面要关注理论,另一方面要关注实践,但是理论研究者与实践探索者之间总是存在一道鸿沟。更糟糕的是,一些理论研究者和实践探索者在彼此内部也存在"老死不相往来"的现象,习惯于站在自身立场自说自话,这让不少经验都"困"在自己的领地,就像生活在某个洞穴里。研究者和实践者都需要从相邻"洞穴"中走出,有时候各自向前跨出一步就会豁然开朗。

通往课改深处的道路从来没有捷径,除非我们互为捷径。无论是理论还是实践都需要对他者的尊重和学习。课改生态里,每一朵花、每一棵草都是一种共生关系。课改领域的每一个流派、每一所名校都应该摒弃"门户之见",从彼此割裂走向联合,从"丛林主义"走向"森林主义";对于每一名课改追随者而言,更要以开放的心态兼收并蓄,集百家之长为我所用。

反思既可以窥见自己的"小",也可以洞见课改之"大"。反思有多深,课改就能走多远。课改已经进入第三个 10 年,尽管问题与矛盾依然交织叠加,但是只要课改视野里不缺少反思,课改就会不断打破僵局和怪圈,迎来可期的繁荣。

课改不能止于改课

课改刚刚走过 10 个年头的时候，我曾撰文表达过一个观点：课改必须从改课开始寻求破局。那个时候，改课已经开始在民间成为一种热潮、一种现象。一些学校通过改课赢得了较高的关注度。与"改课之热"相对应的是课堂之外的"课改实践之冷"。理论界的严谨与实践领域的偏执成了一种不大不小的冲突，学术专家对课改的完整诠释似乎无懈可击，而一线教育者对改课的过度追求，让课改变得不完整、不理性。

时下，课改的很多基本理念已经成为常识，但是，课改推进地区的不均衡和内容的不完整，让课改需要不断纠偏。一线实践者因为缺乏对课改的顶层设计，在实践中往往容易顾此失彼。

千万不要把这样的论断当作否定改课的矛，也不要将其作为拒绝改课的理由。其实，教育也好，课改也罢，原本就是一个不断纠偏的过程。以往的整个教育是漏斗型的，人们在实践中把教育窄化成了教学，把教学窄化成了考试，把考试窄化成了分数。而改课的意义就在于通过改课把课堂教学逐步放大成教育，让学生在课堂上获取知识的同时汲取比知识本身更丰富的营养，从而让整个教育形成一个倒立的漏斗。只是，在课改进入深水区的今天，倘若依然只拿改课说事，倘若在改课之外行动无力，那么这样的课改就是需要反思和警惕的。课改不能止于改课，课改还有比改课更广阔的领地和空间。改课不等于课改，课改也不等于改课。改课不是课改的全部，完整的成长不仅在课上，还在课下。过度追求改课容易让课改的内容窄化和瘦身。

课改的完整路线图是：课改—改课—课改。课改是课程改革的简称。第一个课改是指国家层面通过重新修订的课程标准，然后依据课程标准重新编写教材，解决教师"教什么"和学生"学什么"的问题；改课是指通过课堂改革来解决课堂上教师"怎么教"和学生"怎么学"的问题。第二个课改体现在两个层面：一是学校对国家教材的校本化实施，二是学校在国家编写的教材之外能提供多少学生喜欢的校本课程。一句话概括就是，学校层面发挥其课程管理职能，让一切课程能够更好地服务于学生的成长。

2013 年，《中国教师报》提出了"第三代课改"的概念，把课改进程大致划分为三代，第一代课改是改变课堂的结构，第二代课改是改变课堂内部教和学的关系，以及师和生的关系。如果前两代课改都是基于课堂改革的话，那么，第三代课改将通过改变教学的意义指向完整的教育。有关专家提出从重建教室开始开启第三代课改，旨在把教室这个距离学生最近的环境和空间打造成一个学习场、生活场和精神场合一的地方，让教室这一方空间成为学生完整成长的一个重要领地。提出这样的主张是为了让课改从课堂出发，伸向更广阔的领域。

倘若你已经完成了改课，那么，课改不能止于改课。

课改不能止于改课，就是要从改课出发，以学生为圆心，不断扩大课改的半径，从而重建学校管理，重塑学校文化，再造学校课程；就是要从课堂上学生的自主学习，走向管理中的学生自治和生活中的学生自理；就是要让我们的工作不再以考试评价为导向，而是以学生成长的需求为导向，通过课程再造为学生健康完整地成长提供均衡的营养。

课改是不断走出偏见的过程

对真相的追逐是一段没有句号的旅程。课改也一样，人们总热衷于寻找真相，课改的真相也不断被人发现和言说。而我观察到的课改真相就是两个字——"纠偏"。在我看来，这是课改20年呈现的一种重要态势。

如果你关注课改，一定遇到过这样的场景：一些学校致力于研究"教什么"，另一些学校则热衷于研究"怎么教"；一些学校强调整合式教学，另一些学校则在攻坚项目式学习。

到底谁做的才是课改的核心部分？其实，每所学校所处的发展阶段不同，一线教师对课改的认识程度不同，其课改选项也自然不同。课改从来不是一个孤立的存在，它总是发生在一个具体的背景里。

但是，无论你选择先做什么，最终都要在不断纠偏的过程中回到教学的基本问题上来。课改就是蹚过一条河，是从此岸到彼岸的过程。渡过这条大河有多种方法，无论选择什么方法，渡河的过程都需要循着灯塔指引的方向不断纠偏。

为什么说纠偏才是课改的常态？

课改的行动逻辑通常是，当你认识到了课改的某一部分价值时，你就会将那一部分视为最重要的地带。但是，当某一理论、某一方法在实践中被过度解读、过度使用时，又可能走向它的反面。

每个人都有自己的认知局限，都生活在自己思维的深井里。无论是眼界、知识结构还是对课改信息的获取，都是构成偏见的一部分。

课改 20 年之于每一个实践者而言，就是不断打破旧有偏见，然后形成新偏见的过程。纠偏不是用一种经验代替另一种经验，不是用一种声音代替另一种声音，而是在多元理解中抵达真实的课改。

全人之美课程总设计人干国祥近年来一直在语文教学领域深耕，他倡导深度语文。在他看来，"完美课堂从来不是它的目标，打破旧偏见，形成更好的新偏见，乃是最核心的教学诉求"。所以，纠偏是主体意识的觉醒，是既有经验局限性的暴露，是对理想课堂的养护。纠偏是伴随课改全过程的，只有纠偏方能适切，方能平衡。纠偏—自我纠偏—持续纠偏，这才是教育人理解课改的重要视角。

课改正是实践者纠偏意识的觉醒所推动的。课堂从动走向静，从预设走向生成，从控制走向放手，从分科教学走向跨学科整合教学，从碎片化学习走向整体化学习，都是不断觉醒、不断纠偏的过程。所以，我们会听到另一种观点：表达是倾听的栖息地，输出是输入的加油站，动起来是静下来的集散地，综合教学是分科教学的另一种可能。

纠偏是课改的行动哲学。偏见不需要去消除，我们需要在自己的偏见里躬身实践。实践了一段时间后，发现了问题再来纠偏。所以，课改是不断走出偏见的过程。而纠偏是发生在一定时期内的，是具有实践性的，是一种反思性的行动。纠偏是为了改进，它从来不是虚化的，也不是坐而论道的"理论思辨"。

纠偏是另一种深刻。课改不是单向度的，表现在实践层面一定是丰富的、复杂的。真实的课改比我们想象的复杂得多，因为许多困难是无法预设的。具备了理解复杂秩序的能力，课改才可能持续加速。改革初期，课改的复杂系统被悬置，许多全新的理念被转化为技术，这对课改是有积极意义的，但是一旦将教学长期降格为技术，就会陷入"肤浅"。纠偏就是超越技术，超越"肤浅"，就是让课改从摸着石头过河走向专业。

纠偏需要有勇气。对于课改人来说，重要的是有勇气去行动，但更有挑战性的是有勇气在既有经验里纠偏。纠偏的前提是发现经验中的问题，这种发现力需要课改人保持热情、敏感和勇气。课改人要敢于对自己已经取得成功的经验进行追问，对日复一日的循环性工作进行追问，在追问中纠偏，在实践中走向辩证。否则，今天的改革者也可能成为未来的阻碍者。课改人既要对新事物保持敏感的嗅觉和热情，又要对新事物、新概念有免疫力，将目光投向更广阔的视野，否则课改会陷入一种"虚假正确"。

纠偏需要有敬畏心。"知不知"才有敬畏心。课改领域一直存在着未知地带，一直存在陌生的他者和自己，纠偏就是不断走进未知地带，走向陌生的他者和自己。

偏见可以推动课改，也可以阻碍课改。课改初期，不少人对课改充满了偏见，甚至有人唱衰课改，把当下教育的许多问题都归咎于课改，似乎"一切都是课改惹的祸"。

同样需要注意的是，课改在纠偏中要拒绝浮躁之风、作秀之风。当课改与功利主义"勾肩搭背"的时候，所有的纠偏就可能成为那块遮羞布。

纠偏，让课改走向更深处

被曲解和误读是表达者的宿命，也是理念提出者和经验创造者的宿命。因为这样的宿命，你会发现在课堂改革领域，一些经验在迅速风行的同时，往往伴随着批判声和质疑声；一个新概念逐步流行和普及的过程，也可能是被误读和异化的过程。

同样可能出现的一种现象是：一种经验在解决一种或几种问题时，总会衍生出一些新的问题。比如，当你倡导课堂教学需要通过建模来提高效益时，可能就有人将课堂带入"模式化"的危险；当你强调教师在课堂上要"少教"时，可能就有人陷入"不教"，甚至"一讲就是罪恶"的误区。

尽管如此，媒体人和写作者依然要诉诸表达，理念提出者和经验创造者依然要投身研究和实践。沿着这一线索继续思考，我们会发现，依然有不少让人费解的课改现象存在。

课改的风险不仅在于某一理念和经验在趋之若鹜的追捧、盲从中被妖魔化和肤浅化，还在于过度强调教学的某一面，就可能忽视另一面。比如，过度关注课堂教学的科学性，艺术性就可能成为黑洞；过度关注教和学方式的变革，教学内容的优化就可能被悬置。国家督学、江苏省教科所原所长成尚荣先生曾说，要警惕教学中的"黑洞现象"。如果教师都想着提出自己的教学主张、教学模式、教学风格，把兴奋点都放到这些方面，而忽略了教学的基本问题，那就可能产生教学的黑洞。

所以，有时候课堂改革一不小心就有滑入肤浅的危险，执迷于某一点的改革一不小心就可能走向课改的反面。从这个角度出发，对课堂改革过度行为和不及行为的纠偏和辩证性审视，意味着走向课堂更深处成为可能。

我曾用"课改即纠偏"来表达对深度课改的理解。教育有太多的"局"。几乎每一位有话语权的人都在用心经营着自己的"局"，需要警惕的是，人不能只陶醉于自己的局中，有时候人生不仅需要入局，还需要不断地出局，出局才能看到更大的局。

每一个局内都有一面被高高举起的旗帜。旗帜之下是风生水起的变革和自圆其说的经验。需要提醒的是，没有哪一种变革或经验只有积极作用，也没有哪一种变革或经验只有消极作用。

所以，我重提"纠偏"。纠偏，是我们理解教育变革的一种视角；纠偏，需要我们不断地入局再出局。

《中国教师报》特聘专家王红顺先生曾撰文分析：纠偏不是否定过往，不是非此即彼的一元论思维；纠偏不是奉行"中庸"之道，有人谈课改时常常把"既不……又不……"或"既要……又要……"之类的句式挂在嘴边，表面上看很严谨，但仔细推敲会发现其实是正确的废话。

纠偏是另一种深刻。不断纠偏才可能让课堂不断走向深刻。就像教学远不是"少教多学""先学后教"这么简单的逻辑一样，学生的学习也远不止放手让他们自学那么简单。如果教育人总是执其一端，则可能引发课改的"钟摆现象"。在实践中，这样的课改"钟摆现象"每天都会出现。

好的课堂需要反思而不是指责或过度装饰。如果说指责是课改人的毒药，那么过度装饰则是课改人的迷魂药。过度指责或过度装饰都会使自己站在真改革的对立面。北京大学教授郑也夫说，只要心中生出问题，就跨越一切学科的边界去寻找答案。课堂正是在这样的发现问题和解决问题中不断抵达更深处的。

时下，我们所关注的课堂更深处的变革主要体现在如下几点：需要用生活视角重塑课堂，用设计思维改变教与学；需要研究教的设计触及学科本质和成长本质；需要从碎片化学习走向整体化的单元设计、跨界整合；需要更多地了解和研究学生以及学生的学，最大限度地收集学情，利用学情，让学情主导课堂教学，因为"教"的根本目的是保障和促进学生的"学"，教育意味着聆听每一位学生，读懂每一位学生。

台湾教师李玉贵也曾表达过这样的观点：课堂教学要有设计感，设计的真正意义是要让学生经历学习的过程，进而构筑学生有存在感的学习氛围与情境。

我们深知，深处是一个不断变化的过程。每一时期所关注的课堂深处的要素都有其具体的应用场景。今天所谈的深处可能是明天更深处的起点。

但无论应用的场景如何切换，关注的要素如何更新，课堂改革的最前方都需要一个不变的灯塔。这个灯塔就是一颗平等、真诚的"爱孩儿"之心。当你真正沿着爱照见的方向实践教学的时候，你才可能走向课堂更深处。

温州教育教学研究院曹鸿飞老师说，"课堂教学改革的关键是找到适合的切入项目，并树立四种思维：质量思维、整体思维、整合思维、辩证思维"。用好这四个思维，你就能更好地处理不同阶段面临的复杂关系和棘手问题，也便可能走向课堂更深处。

别让课改成了功利者的道具

我是力挺课改的。做课改坚定的支持者、传播者是我不变的立场。但这一次,我想说说课改暗处那些"龌龊"现象。

在人人谈课改的年代,课改成了可随手拿来、任意揉捏的玩偶,谁都想与课改发生一点关系,以此来证明自己的"主流"价值取向。遗憾的是,标榜课改者多,坐享课改经验红利者多,而真正践行课改者少,能正确实践课改,且义无反顾地做出点创新成果者更是凤毛麟角。

我曾在一篇文章里谈过,当抱有不同目的课改者你方唱罢我登场,当他们把各类课改现象演绎得"精彩纷呈"的时候,课改则更像是一个江湖,有人身不由己,有人言不由衷,有人则戴着面具招摇过市。这也让我们这些以报道课改为己任的教育媒体人,在发现经验时不得不小心谨慎。

先来说说课改投机者吧。一段时间以来,课改名校的批量产出,让不少地方教育主政者和校长开始蠢蠢欲动,也想借着某种力量来催生自己的名校。于是,有一些学校开始热衷于拿课改装点门面。把自己所谓的经验附上几句口号,贴上几条理念,俨然一副课改的姿态。这类学校总是喜欢制造一些吸人眼球的概念,引起媒体或专家的关注。他们热衷于宣传包装,喜欢与媒体套近乎。总想着不费什么工夫,就可以赢得名校效应，进而赢得政绩和领导赏识的资本。

真正的课改不在于你怎么说，而在于你怎么做；不在于你说了什么，而在于你真正做了什么。真正的课改总是素面朝天的，凸显一个"真"字，真实地面对学生，真实地面对媒体，真实地面对专家，真实地面对自己。

这种投机心理的存在，决定了这些"课改者"的功劳簿上写满了功利，于是，学校成了课改的秀场，而课改成了他们获取政绩的手段。如果打着课改的幌子，干着应试教育的勾当，如果以课改的名义强奸民意，甚至以反课改的方式推进课改，那么这些课改的投机者早晚会成为"被唾弃之人"。

再来说说课改的急功近利者。课改在一些人眼里似乎成了包治百病的良药，他们常常天真地以为课改就是学校发展的救命稻草。找到了课改，就找到了拯救一切的力量。于是，课改在这些人眼里被严重简单化。他们眼睛紧盯分数，课改仅仅是提高成绩的手段而已。如果通过课改成绩提高了，就说课改得好，把功劳都记在课改上。在我看来，这难免有过度夸大课改功效的嫌疑。一旦成绩出现滑坡，就将一切归责于课改，又把课改说得一无是处，课改又成了罪魁祸首。正所谓成也课改，败也课改。课改既是功勋章，又是挡箭牌。

我们常说，没有成绩别谈课改，但只有成绩别谈教育。这佐证了我们为什么选择课改，为什么要兼顾课改与成绩的关系。对于课改而言，没有随随便便的成功，也从来没有简简单单的失败，成功与失败都不能简单归因于一方面的原因。所以，我们需要对课改始终保持一种理性的态度。课改人应时刻敬畏教育的复杂性，恪守行动的简单性。

课改江湖里还有一种叶公好龙者。在言必称课改的年代，谈课改似乎成了一种时尚。于是，一些怀有阿Q的革命心态和叶公好龙心态者，也开始叫嚣着搞课改，只是这样的课改陷入了盲从和跟风。一些人天天抱怨我们的教育有问题，直言"教育已经到了不改不行的时刻"，但是有一天，课改真的来了，需要动真格的了，他却退缩了，那曾经费尽心血酝酿了一箩筐的课改方案最终因为缺乏勇气而"胎死腹中"。

并不是所有投身课改者都对课改有清醒的认识。对那些课改"叶公"来说，因为不是"彻底的革命者"，对过去的经验还抱有幻想，因为立场不坚定，方向不清晰，又缺乏顶层设计，所以一旦有人反对课改，就退缩；一旦遇到问题，就开始怀疑起课改来，就乱了方寸，就乱了阵脚。这些人正是我们要批判的对象，他们只是披着课改外衣的伪课改者。

课改是一面镜子，可以照出不同人的心态。如果课改成了作秀的道具，成了赢得民意的道具，成了捞取政治资本的道具，那么课改便成了一种折腾；如果课改总是被投机者、急功近利者和叶公好龙者绑架，那么，教育永远不可能完成自我救赎；如果课改不是以解放人为旨归，不是以改变课堂和课程结构为载体，让学生在课堂、在校园过一种民主、快乐的学习生活，那么教育早晚要付出更大的代价。

课改能把我们的教育带向美好吗？能让我们的实践者看到彼岸的风景吗？这不取决于课改本身，而取决于一群秉承什么样的理想和信念的课改践行者，取决于他们抱有什么样的目的、怀有什么样的心态。

课改，请与虚假的繁荣说再见

有时候，一项改革花团锦簇的背后，藏着的却是虚假的繁荣。比如，基础教育领域的新课程改革，虚与实、简与繁、肤浅与深刻、假现象与真问题，交织在一起构成了真实的图景。

20 年来，新课改主要是以自上而下的推进方式切入的。这种方式可以使课改的氛围迅速形成，可以使课改的引领性成果迅速确立，但未必能使实践领域的教师们收获一种课改自觉。

我目睹过太多课改背后的隐忧。有不少区域和学校的课改呈现的是虚假的繁荣。比如，有学校因为校长频繁更换让改革成了"你方唱罢我登场"，张校长"往东"，李校长"向西"，使教师无所适从，身心疲惫。比如，有学校以课改的名义让教师的工作量不断加码，也有学校在不经意间伤害了教师的教学自主权。课改不能为了突出学生的主体地位，反过来伤害教师的权益，正如以教师的教为中心容易导致教师霸权一样，过度强调以学生的学为中心，也容易被学生"绑架"。教师的不自由、不自主，必然导致学校领导和教师之间的关系变得微妙。

因为工作，我经常会走进那些主动选择课改的学校，在一线教师那里常常能听到在学校领导那里听不到的声音。比如，因为领导缺少对一线教师声音的关注，久而久之，教师们便选择了沉默。可是，我分明看到，有时候沉默不代表顺从，而是含有对抗。比如，因为课改让教师们牺牲掉了太多的时间，付出了比原来更多的劳动，但是，他们的生活却很少被关注，他们也少有可以表达自己主张和需求的机会。于是，他们开始用沉默表达不满，用敷衍表达对抗。而作为局外人，每每当我在这样的学校为教师们说话的时候，总能赢得格外热烈的掌声。我知道，这掌声不只是对我观点的认同，也有对校方的回击，有教师们心照不宣的共鸣。

改革的目的之一就是通过机会的调整和自由边界的不断扩大，让人们收获幸福。课改亦是如此，需要给教师自由，需要给教师预留创造的空间，需要让他们去自主选择、自由创造。学校里基于教师的自由越多，诞生自教师的改革智慧就越多。课改更需要善待教师，善待教师就是善待课改，课改需要相信教师，相信教师就是相信未来。当校长无限相信和善待教师的时候，我想，教师同样会以这样的方式去相信和善待学生。

与教师的不自由相对应的另一种"怪现象"，是一线教师对课改技术的过度追求。"我们不缺乏理念，请多给我们一些具体的可操作的技术点拨。"这是我经常听到的一线教师的心声。课改需要有技术的思想和有思想的技术协同支撑，但人的课改热情和课改自觉没有被激发的时候，技术永远只是技术，技术落实不了它所承载的思想。真正重要的是使用技术的人，当人是消极的，当改革中的人没有得到应有关注的时候，再好的技术都是乏力的。别忘了，技术是课改的重要因素，但不是充分条件。只有把课改中的人放大了，课改才不至于在技术的浪潮之中迷失方向。所以请不要过度执着于技术，技术在人心和共识面前总是那么苍白。

新教育实验发起人朱永新说："任何改革如果没有自下而上生长的力量，它就缺乏真正的内在动力。"这句话击中了课改的痛点。课改仅靠自上而下的推动走不远，重要的是唤醒一线教师的课改自觉。

有这样一个关于课改的生动隐喻：鸡蛋，从外部打破是食物，从内部打破则是生命。课改亦是如此，作为践行课改理念的教师，如果靠外力打破，可能是一种干扰、一种压力，而从内部打破则意味着成长；如果教师总是等待别人从外打破你，那你注定是被动的执行者，如果能从内部自我打破，你会发现，每一次打破都是一次重生。当下的问题是，我们的外力用得足够多了，而在激发内动力方面做得还远远不够。如果有越来越多的教师开始从内部打破自己，开始被唤醒课改的自觉，课改便自然会实现自上而下与自下而上的深度呼应。从这个角度讲，所谓课改就是掀开被遮蔽的部分，进一步看见人、发现人、成就人的过程。

唯有主动投身课改，方有勇气对虚假的繁荣说"不"，唯有居安思危、见微知著，方能创造真正的课改繁荣。

课改不是画圈，而是破圈

你有圈子吗？

圈子文化，可是当下很有趣的一种文化现象。各种各样的圈子如影随形，让人们都成了"圈中人"。就像人们都习惯于成为一个"单位人"一样，如今，越来越多的人开始热衷于成为某个圈子里的人。

圈子，顾名思义就是圆，就是以一点作圆心，以一定长度作半径的一个封闭的曲线。"圈子"到底藏了多深的"水"，人们找不到最权威的答案，只能片面地把它们理解为"画地为牢"的一种利益寄居关系。你的、我的、他的，每一个人都以自己为圆心建了很多圈子，小圈子，大圈子，圈圈相套，形成了一种独特的文化现象。

教育领域也有很多圈子，尤其是一些以某个专家为核心的学术圈子，也可以称作流派，他们都或大或小、或多或少地对基层教育教学实践施加着影响。这些圈子里都有一到两个核心人物，他们有足够的思想力和影响力，去引领和影响他们的追随者。

圈子文化的繁荣一定程度上可以反映学术的繁荣，不同圈子的观点层出不穷，俨然"百家争鸣"的局面。而集体繁荣的背后也有隐忧，各路专家你方唱罢我登场的宣导似乎导致了一线实践者向左走还是向右走的集体迷失。

至于什么样的教育是好教育，固然要靠一线教育实践者有独立的洞察力和判断力。但各个圈子和流派都想拉起自己的队伍自立门户，创造自己的经验，于是，教育内部不断出现新的圈子和流派，他们往往从自己倡导的教育立场出发，习惯于"唯我独尊"，习惯于"老死不相往来"，谁也瞧不起谁，甚至相互攻击，这似乎成了教育圈的通病。

时下，的确有很多人都在忙着建立自己的圈子。他们总是无限放大自己的研究成果，教育内部不知不觉中陷入了"圈圈相套"这样的怪圈。这不仅使一线教育实践者无所适从，也使得文人相轻的丑陋暴露无遗。于是，教育的江湖从此不再"寂寞"。

圈子自然有圈子的好处，"圈中人"往往有相同的研究方向，可以集中力量将自己的研究引向深刻。但圈子也有圈子的问题，在一个圈子里待久了，很容易画圈为牢，甚至自我设限，让你误以为这个圈子就是整个世界，从而形成"信息茧房"。比如，值得警惕的是课改中的"山头主义"现象。当下如火如荼推进的课改，可谓门派林立，但都各自为政。据我观察，每个流派虽然在各自的领域里都有独到的研究成果，但所谓的不同流派之间，只是研究的路径不同、概念不同、话语体系不同而已，他们指向的教育的美好都是那么相似和一致。遗憾的是，大家总是"同而不和"。

教育是不分国界的，更没有省界、市界之分。建立圈子是为了研究教育，解决教育问题。每个圈子都有自己的成果，完全可以拿出来共享，正所谓借智、借力、借道，共生、共荣、共赢，而不是抱残守缺。

跨出自己的圈子，每个人都可能是井底之蛙，因此，在建立圈子的同时更要打破圈子。教育者可以因所处的地域不同而进行不同特色的教育研究，但不能自我封闭，不能因不了解对方就盲目排斥，这不是教育者应有的研究姿态。

教育内部需要圈子，但更需要培育健康的圈子文化，更需要各圈子之间打破门户之见，放弃那个"小我"，集百家之长，强强联合，互为补充。即便不走向联合，至少也可以放低姿态，关注一下同行，以更好地丰富和完善自己。

当每个圈子、每个流派都放下身段，相互问道、相互取经的时候，中国教育的各路好声音一定会展现和声之美。

课改不是万能的，也不是"万恶"的

千万不要以为这是小题大做，也不要拿个案来攻击这个命题的漏洞，"被绑架的课改"所揭示的只是课改中的一些现象而已。

我到各地采访，经常会听到关于课改的利好消息或不好消息。刚听说某高中因课改取得非凡业绩受到嘉奖，又闻中部某省一所高中校长"因改获罪"，黯然出局。据说，被迫出局的校长曾经大刀阔斧搞课改，历时 3 年，不料升学率并没有达到上级部门要求的指标。在以分数论成败的环境里，校长自然遭遇前所未有的信任危机，于是，上级部门一纸调令拿下了校长，将其安置在一个可以享清闲的位置。校长自然是有苦衷的，但没有人给你诉苦的机会。

当学校的办学质量每况愈下，当学校被定义为"失败"的时候，你做出的所有努力都会被质疑，尽管失败可以有很多的归因，但是没有人会让你为学校办学质量的下降做出所谓"合理"的解释。管理者最简单的办法就是换人，于是在那些升学率一直处于低谷的县区，更换校长便成了家常便饭。

与课改失败的学校一样，一旦课改"导致"升学率大幅提升，成功者所有的做法都将被诠释为正确，都可能被视为可资借鉴的经验。像对失败学校简单归因一样，人们同样会对成功的学校也简单归因。于是，课改成了最能拿得出手的理由，课改的功效也自然被有意无意地放大。

其实，哪有如此简单的逻辑，现实中既不可能有随随便便的成功，也不可能有简单的失败。无论是成功还是失败都不是这种简单逻辑所能解释的，每一所课改学校总有相似的和千差万别的缘由，被有意无意放大的只是经验或问题的局部。

谁都明白，就高中而言，高升学率的背后隐藏着太多被掩盖的真实，有太多不足为外人道的"经验"。那些凭着政策垄断而获得好生源的学校自然不值得炫耀，即便是那些真正因为课改成就高升学率的学校，一旦创造高考神话，就会吸引更多的优秀生源。当好生源越来越多，学校自然会进入高升学率的良性循环，所以不必迷信那些所谓的课改经验。而那些缺少好生源的学校要生存势必会另寻出路，"在强大的外部压力和恶劣的竞争条件下，却又缺乏有效的指导时，人们总是习惯于牺牲道德来换取利益"。于是，那些缺乏政策支持和优质生源的学校自然成了应试教育的重灾区。

当越来越多的学校热衷于在"苗"上下功夫，而不去考虑如何在"土"上下功夫时，那将是高中教育的悲哀。当然，我们没必要这么悲观，每个时代总会有愿意去擦亮星空的人，总会有真搞改革的人。当下也不例外。

只是我们不能迷信，不能迷失。请还课改于真实，不夸大、不缩小、不歪曲、不诋毁，课改不是万能的，也不是"万恶"的。那些"成也课改，败也课改"的论调早该被瓦解。

请还名校于真实。当名校被脸谱化，认为名校就一定是完美的，名校形象一定是光辉的，一定要"被迫承担"更大的责任，不允许它有什么问题，似乎这才符合公众的正常期待。这是否也算是一种道德绑架呢？

请还经验于真实。其实每一个成功经验背后都有很多值得细细品味的细节，每一个经验的解读都只是有限解读和局部呈现；当结果出现问题的时候，不要急于归咎于方向的选择，请认真反思一下过程和方法。

任何过于夸大一种作用的归因都是有失公允的。当一所学校里缺失公正、积极和理想的时候，无论选择什么都可能导致失败；相反，当一所学校里被激情、理想和愿景所充溢，无论做什么都能创造奇迹。

所以，完全相反的两种课改现象可以验证同一个颠扑不破的真理：成功经验的背后是精神，精神的背后是人，每一所成功的学校都是靠精神站立的——人，才是名校背后的密码，才是成就卓越的关键因素。

课改也需要反"四风"

　　一项改革被逐步深化的过程，其实也是问题不断衍生的过程。比如基础教育领域正在如火如荼推进的课改。当我们沉浸在收获"观念的更新、共识的达成、习惯的改变、教学的优化和生命状态的绽放"等丰硕成果的时候，会发现还有一些不和谐的现象相伴而生。其实，有问题不可怕，可怕的是，这些问题一旦与功利联姻，就会生出课改的"怪胎"。

　　要解决课改深水区的问题，首先要敢于直面课改的真实现状。课改的真实现状不仅有成绩、成效和成果，还有危险、危机和危情。这不是危言耸听。对于课改，我始终坚持一个原则——过度放大课改的繁荣景象是"脑子"出了问题，把课改说得一无是处是"良知"出了问题。

　　所以，当课改捷报频传的时候，我们也发现，一些"不正之风"正充斥课改领域，使一些地方的课改偏离了课改的本意。这些不正之风主要表现在四个方面，可以归纳为"四风"，即形式主义、盲目拿来主义、跃进之风、过度创新之风。

　　警惕课改的形式主义。这一不正之风大多发生在那些被动执行课改的区域和学校。当课改的内在动力不足时，一方区域也好，一所学校也罢，为了迎合或讨好上级，势必会选择做一些表面文章，做形式大于内容的事情，其结果也必然使课改出现"夹生饭"。有人列举了社会上形式主义的十种具体表现形式：一、用哗众取宠代替实事求是；二、用投机取巧代替实干苦干；三、用粗枝大叶代替一丝不苟；四、用走马观花代替深入实际；五、用潦草应付代替严谨认真；六、用高喊口号代替实际工作；七、用三心二意代替全心全意；八、用虚张声势代替雷厉风行；九、用欺上瞒下代替求真务实；十、用表面文章代替表里如一。我觉得教育人应该以此为戒，让形式主义远离课改、远离学校、远离教育。

警惕课改的盲目拿来主义。这些年，基础教育领域涌现出了不少课改名校，各种经验可谓此消彼长，于是，各地掀起了名校学习之风。但是在学习过程中，有人采取拿来主义，盲目照搬，一味模仿，不知变通。拿来主义本身没有错，问题是盲目跟风，只关注经验本身，而忽略了经验背后的核心精神；只关注别人，而忽略了对自身实际情况的研究，在学习别人的过程中迷失了自我。盲目拿来主义的结果是，原本好的经验却学得"四不像"或者水土不服。

警惕课改的跃进之风。"快"是这个时代的生活节奏，也是这个时代的文化符号。经济发展要快，交通工具要快，课改推进也要快——快速启动，快出成果。"快"让生活丢失很多，让教育丢失很多，"快"也让课改蒙上了一层浮躁之风。教育是慢的艺术，欲速则不达，课改不是一场运动，换一个角度看，"慢"即是"快"。今天的课改需要强力推进，更需要脚踏实地，不浮躁、不功利，刹住课改的跃进之风，课改会走得更远、更从容。

警惕课改的过度创新之风。课改人不能在过去的经验里自嗨，需要不断创新、谋变，但是盲目创新却可能扼杀课改。比如，洋思中学、杜郎口中学等一批课改先行者敢为天下先，尝到了模式创新的甜头，可以坐享模式红利。作为后来者如果依然去复制、模仿前人的套路，大概率是没有出路的。遗憾的是，不少学校盲目自信，常常把模仿当创新，总是善于抛出一些新概念、新名词作为噱头来吸人眼球，实际上不过是将他人的经验换了个马甲而已。于是，创新成了作秀，也可能造成更多的课改假象。课改需要创新，但拒绝伪创新，更不能陷入创新的泥沼，在盲目创新中迷失方向。一所学校的经验大致要经历"模仿—改造—创新"三个阶段。而真正具有创新基因和创新能力的学校凤毛麟角。其实，教育哪有多少新花样，改革原本就是重拾常识的过程。当你执着于创新的时候，请回过头来看一看教育的原点和教学的基本问题。

课改成也校长，败也校长

课改是一段旅程。在这段旅程中，成功与失败、幸福与痛苦、汗水与泪水、相信与质疑、收获与失去相互交织，才构成真实的课改生态。

引发我思考的不是这种课改生态的真实，而是为什么在大致相同的环境和条件下，一些课改学校能够走向成功，而另一些课改学校却遭遇失败。有人说，成功的学校总是相似的，失败的学校却是千差万别的。

有这样一个寓言，也许可以解释成功学校的相似和失败学校的不同。

有四座正处于危机中的城市，每一座城市的人们都快要饿死了，每一座城市仅剩下一袋种子。在第一座城市，没有人知道种子能做什么，没有人了解如何种植它们。最终，所有人都饿死了。在第二座城市，有一个人认识种子，了解如何种植，但由于种种原因，他没有做任何事。最终，所有人都饿死了。在第三座城市，有一个人认识种子，了解如何种植。他建议人们种下它们，但需以他成为统治者作为交换条件。此后，所有人都有食物吃了，却受到统治。在第四座城市，有一个人认识种子，了解如何种植。他不只种下了种子，而且教授每一个人种植技术。此后，这座城市人人都有食物吃，人人都享有自由和权利。

对这个寓言的寓意可以有多重解读，但这个寓言之于课改，却切中了问题的实质。

种子正如课改，城市正如处于发展困局中的学校，A学校在课改的大环境中不敏感，不学习，总是后知后觉，这种文化基础让他们天然屏蔽了有关课改的信息，纵然课改是国家意志，纵然课改在其他地方和其他学校开展得如火如荼，但在A学校人们却始终是两耳不闻窗外事，春风不度玉门关。

B学校同样面临发展危机，他们知道课改的意义和价值，但是由于种种原因，最终没有付诸行动。也许是担心失败，也许是因为预设的困难过多而退缩。总之，他们的结果与A学校一样，日复一日、年复一年重复着昨天的故事。

C学校敏感地认识到了课改的重要性，并且校长身先士卒带领教师投身课改，但是采取的是"野蛮"的方式强力推行课改，教师们并没有真正被激发和调动起来，只是被动应付。久而久之，课改虽然产生了成果，但只是虚假的繁荣，背后隐藏着巨大的矛盾，教师不堪重负，学生叫苦连天，家长纷纷质疑。于是，课改很快便遭遇失败，造成的结果是"一朝被蛇咬，十年怕井绳"。

D学校的校长先知先觉，他不仅知道课改的价值，而且相信课改的力量，所以敢为人先。他首先做的工作是"塑造共识"，带领全体教师边学习边实践，渐渐地，课改的理念变成了教师们的观念，校长的想法变成了全体教师的想法。于是，课改在D学校顺利开展，教师们自主创造了一系列原创性的经验，学生们享受着课改带来的快乐与幸福。

成功的逻辑与失败的逻辑有时候极其相似，同样面临发展危机的四所学校做出不同的选择，就会有不同的结果。课改意味着机会的再分配。在课改面前，每一个人、每一所学校的机会都是均等的。只是有人把机会看成负担，有人坐等机会的失去，有人善于抓住机会乘势而上，有人没有条件创造条件也要上，有人却只为课改找借口，不为问题找办法。所以，有人说，课改成也校长，败也校长。这是有一定道理的。在课改面前，校长的决策决定着学校的发展方向，校长课改的决心就是教师课改的信心。正所谓，一流的学校创造变化，二流的学校主动变化，三流的学校被动变化，末流的学校顽固不化。

课改，行动是最高纲领。课改不在于知，而在于行，知道没有力量，相信才有力量，行动才有价值。当你相信了课改力量的时候，请付诸行动，课改从来不是纸上谈兵谈出来的，从来不是坐而论道论出来的。在通往课改彼岸的过程中，只要行动就有收获，勇于坚持就能抵达成功。

迈向深度课改要拒绝什么

  深度课改改什么？如果按照三代课改的划分，我想，进入深度课改就是要在第一代课改（改结构）、第二代课改（改关系）的基础上，向第三代课改（改意义）跨越。所以，深度课改旨在发现并帮助发现教育的意义、学习的意义、生命的意义。深度课改让教育的意义可以更好地在课堂上彰显，让知识的习得与核心素养的养成在课堂上相遇。所以，尽管深度课改原本有其丰富的内涵，但在这里，我们主要关注发生在课堂上的改革。

  当我们思考深度课改究竟要改什么，且要怎么改的时候，我们有必要反向思考深度课改反对什么、拒绝什么，厘清这些也便明晰了方向和路径。

  深度课改拒绝以"摸着石头过河"的思维去处理深水区的问题。过去的思维和经验只能得出过去的结果，已经无法解决新的问题。课改人需要时刻提醒自己：是否已经陷入了思维定式中，是否在不经意间已经跳入了新的改革"方格"之中。在课改深水区，课改人不仅要学会游泳，还要学会借力、借智、借道，学会发现新经验、新成果。尽管海量的信息让人应接不暇，但敏感地捕捉有价值的成果和信息，已经成为课改人的重要素养。正如有人所说的，"搜商"是人类在信息时代需要具备的第三种能力，是一种与智商、情商并列的人类智力因素。

深度课改拒绝单打独斗，倡导协同创新。进入深度课改，各种变革的力量要逐步从独立走向联合，从各自为战走向协同共生。协同共生是深度课改的存在方式。研究者与实践者需要协同，学校与学校之间需要协同，教师与教师、教师与学生之间都需要协同。抱团不一定可以相互照亮，但至少可以相互取暖。深度课改将呈现一种共享式发展、开放式创新、包容性增长的特点，将进入课改的"融时代"。

深度课改拒绝课改"速成论"。快速启动，快步推进，快出成果，"快"是一种社会文化现象，也是一种课改现象。进入深度课改，前行的步子要渐渐慢下来，然后让内心静下来。慢下来，才是一种教育发展的真实态势。要慢下来，等一等我们的思想、我们的初心，看一看我们到底沉淀了什么，真正收获了什么、丢失了什么。深度课改需要以更具理性和建设性的态度来发现、来实践、来检索得失，让越来越多的课改人真正不为别人喝彩而课改，不为赢得分数而课改。

深度课改拒绝肤浅，不能一味地奢谈研究学生的重要性，而是要让研究学生成为一种方法、一种素养、一种常态。如果说深度课改要求教师从读懂教材走向读懂学生的话，那么一线教师读懂学生能否像读懂教材那样积极、投入，那样迫不及待，考量着深度课改的深度。读不懂学生，任何技巧和技术都会失去应有的分量。而在读懂学生方面，东北师范大学教授孔凡哲给出了方向：要能准确识别学生的喜好和关注点，识别学生现有的认识水平和最近发展区，识别学生的参与形式、参与程度和参与水平，识别学生对于新知的掌握程度，并进行适时的评估和调控，以确保既定目标的实现。只有真正具备了读懂学生的能力，课改才能在反思、改进、优化、突破中走向繁荣。

深度是一个过程，而非结果。课改可能抵达的深度，不仅取决于你的眼界、认知，还取决于你躲过的"坑"和避过的"坎"。

课改的下半场需要警惕什么

在这个新经验、新概念高度泛滥的年代，你会陷入集体焦虑和不安吗？在崇尚教育创新的转型期，你是否思考过日复一日的教学，哪些是过度的，哪些是不及的，哪些又是错位的？当需要学习的知识越来越多，当教师与学生的边界因为互联网变得日益模糊，你思考过改革将何去何从吗？

这是我设定课改进入下半场的三个问题。三个问题都要求我们进入一种反思程序。反思是一种研究方式，也是一种发展方式，它原本就是课改的一部分。

新课改走过这么多年，有梦也有痛，有繁荣亦有失败。然而，在课改的宏大叙事中，我们看到太多被淹没的痛和被遮蔽的"课改病"。以下三个方面尤其需要警惕——

警惕课改领域的那些"野蛮人"。

有一部分课改人常常被"创造"或被"眼球效应"所牵引，于是热衷于标新立异和经验速成。如此，那些被揠苗助长或催熟的经验常常会昙花一现；也有一部分课改人只着眼于解决当下的问题，缺乏长远设计，或者只顾一点，不及其余；还有一部分课改人热衷于"改课"，即教学方式的变革，言"改课"者不愿谈"课程"，或执着于教学内容的统整，言"课程"者不屑谈"改课"。凡此种种，我将其定义为课改的"野蛮人"。这些都是被扭曲的课改、被异化的课改或被窄化的课改，都需要回归真实，回到地面。

警惕改革带来的教学黑洞。

前国家督学、原江苏省教科所所长成尚荣曾说，"防止教学的基本问题变成黑洞……讨论教育黑洞不在于把所有的黑洞都揭开，其旨归在于建构一种关注和研究基本问题的'复杂思维范式'，逐步建立对教育问题的判断，让教育黑洞真正敞亮、澄明起来"。因此，当我们强调课堂需要建模的时候，不能以牺牲教学的艺术和自由为代价；当我们强调合作学习的时候，并不是要忽略独学；当我们强调让课堂"动"起来的时候，并没有排斥"安静的学习"；当我们强调学生"表达"的时候，并不意味着要忽略"倾听"。但真实的课堂是什么样的？人性的悖论往往带来实践的悖论、课改的悖论，课改是一段不断纠偏的旅程。强调某一点往往是因为缺乏才被重视，它都有特定的话语背景。强调某一点不能以牺牲或排斥另一点为前提，遗憾的是，当我们过度关注某一点时，却总是理所当然地忽略了另一点，这样就在不经意间制造了另一个教学的黑洞。所以，课改不能矫枉过正，需要在对立中找到统一，否则一不小心就会走向课改的反面。

警惕"执念"带来的危险。

这是一个盛产经验的时代，也是一个盛产专家的时代。一些专家花费了大半生研究形成一种经验，于是拼命捍卫自己的学术立场，维护自己的"江湖"地位，大谈自己创立经验的"疗效"，却从来不愿意主动提示经验可能带来的"副作用"。于是，专家也可能陷入自设的"围城"。其实，每个版本的经验都有其独特的疗效，也都可能存在软肋和盲区。但专家们不说，迫切需要经验的追随者又太过急切，于是太多经验成了一场多方利益的合谋，成了一场圈内人的狂欢。在盛产经验的年代，没有哪种经验可以包打天下。旧有的经验会被不断刷新，真正可以基业长青的是经验背后的求变精神和创新精神。

　　对于具体的课改现实而言，需要警惕的问题还有很多，梳理分析这些问题，其旨归在于建立一种反思机制，以让伴随课改而生的问题随时被觉察到。课改的进程最终指向两个逻辑：一个是以变应变，一个是以不变应万变。当大家都在谋变的时候，我们要看到哪些是不变的。课改越来越需要做好顶层设计，需要系统思维、统筹布局。缺少这样的思维，一不小心就会跑偏，就会遭遇课改的天花板。课改不仅需要火把，而且需要灯塔；课改不仅需要关注今天，而且需要观照未来；课改不仅需要药品来疗救，而且需要营养品来保健。重要的是，课改需要反思意识的觉醒，让我们一起进入"反思"程序，回到最初的地方进行重构，各方协同，彼此照亮，守住课改的风向。

如何将课改的共识成本降到最低

对于一所渴望变化的学校来说，也许不需要太多的理由。

比如武汉市第二十七中学，这是武汉市硚口区的一所普通初中，所谓"普通"可以解释为工作不好不坏，排名不前不后，唯一可以打破这种"中间状态"的似乎就是校园面积的"小"或建筑风格的"老"。他们没有比一流学校更值得炫耀的成绩，但也没有比末流学校更艰难的生存困境，所以，就改革愿望而言，他们不应该是最迫切的，而事实恰恰相反，二十七中的二次改革是以主动选择的姿态开启的。

与 21 世纪初期全国自上而下的课改带来的"被改革"不同，这一次二十七中的改革是主动谋变，改革锁定的核心是课堂。刚刚接任校长不到两年的陈建伟，想法很简单，就是要改变现状，改变这种"中间状态"。他试图通过变革课堂的结构和制度，让师生过一种全新的教育生活。

酝酿这次改革，是从他接任校长开始的。一年多来他做了很多改革前的预备动作，多次带领骨干教师走出去学习，开阔视野；多次组织不同范围的领导团队讨论研究学校发展愿景，以此来激发大家的改革愿望。

愿景是在不知不觉中形成的，人心是渐渐聚拢的，信心是一天天建立起来的，直到有一天，二十七中的改革已经

"箭在弦上，不得不发"。于是，一场极具仪式感的改革启动大会如期举行。

作为二十七中首期课改培训的组织者，我参与并见证了整个过程。细节往往彰显精神，也常常让人感动。在这里，我发现有很多细节体现了教师团队改革的愿望和热情：每天他们都会早早地来到会场，确切地说应该是每一场；每一位专家的观点和笑点在教师那里都能得到掌声和笑声的回应；每次专家授课结束，总会遭遇老师的"围追堵截"和询问。我也分明发现，在需要和被需要之间，专家和老师彼此间心的距离是如此之近。这可能正是愿景的力量、共识的力量。这种力量预示了二十七中课改的成功是早晚的事情。

改革是有成本的，学校里的课改也不例外。比如，人力成本、物力成本或经济成本，而常常被人忽略的则是共识成本。对于一所学校而言，课改最大的成本也许就是共识成本。

一个团队面临一场"战役"的时候，重要的是愿景、目标背后的共识力的凝聚，然后才是技术层面的流程、方法和评价等执行力的支持。在这根链条中，不怕执行力环节出问题，就怕共识力出问题，在共识层面，问题越多则成本越高，遗憾的是，有很多校长热衷于追逐技术而忽略凝聚共识。

在课改面前，当校长不能把自己的想法变成大家的想法，不能把自己的动力转化为团队的动力，那么，共识成本就可能无限增加。共识成本一旦增加，将导致课改的"夹生饭"，甚至导致课改工程的轰然坍塌。

这样的现象并不鲜见。因为职业原因，我平时目睹过太多课改之"怪现状"。比如，一些学校的改革只是校长的一厢情愿，当老师们从心底里不愿改革时，校长和专家嘴里说的信息，他们只会选择性地接收。我发现，老师与专家的互动对话常常不在同一个频道上，不少教师不是用思想在表达，而是用情绪在表达，他们总想从专家的观点中搜索到可以不改的借口，所以，从老师的目光里，你会不经意间捕捉到他们对课改的淡漠，甚至排斥。

这样的学校，因为教师们的被动执行，课改往往是在原地打转；这样的学校，不是缺乏行动力，而是缺乏行动的意愿。所以，首先要解决的不是怎么改的问题，而是要不要改的问题。想改的时候，总会有办法；不想改的时候，总能找到借口。

有研究表明，当领导的决策迅速在整个团队中达成一致、形成共识时，工作的效率可以提高 40%。这佐证了一个结论：共识就是生产力。当领导的感召力转化为团队的共识力，当这种共识力成为课改的原动力，当领导团队以引领共识为重、中层团队以运营共识为重、一线团队以执行共识为重，那么，整个团队就成为一个动车组，课改想不成功都难。

所以，课改启动前最重要的准备性工作就是"向内营销"——营销愿景，营销理念，营销共识，将共识成本降到最低。

守望灯塔，课改才不会偏离航道

有人说，当一个社会不再急于赶路，目光从关注 GDP 数值开始转向寻求自身的和谐，就意味着这个社会开始步入正轨。这是社会的进步。

我想说，关于课改，当人们不再忙着赶路，不再纠缠于技术，不再纠结于考试，转向关注人的心灵和精神成长的时候，则意味着教育价值重建的真正开始。这是教育的进步。

在课改这段旅程中，每一位课改人都知道方向在哪里、目标在哪里，旅程中却往往表现出行动的无力感。大家都在忙着赶路，却忘记了欣赏旅途中的风景，忘记了发现自己的幸福，以至于迷失在技术的旋涡，顾不上关注技术背后的人、生命、心灵和精神。

这也许就是理想与现实的距离，永远无限逼近，却永远无法真正重合。这也许正是课改遭遇的尴尬。人们已经习惯于在旅程中赶路。当人们在课堂上只顾着赶流程的时候，便赶走了课堂的灵动，赶走了课堂的文化因子，赶走了对生命应有的观照；当人们在课程上只顾着赶制种类和形式的时候，便赶走了学生的需求，赶走了课程的本意，赶走了最初出发时的那个"初心"。

课改 20 多年来，人们关注过改课堂、改课程、改管理，但归根结底都是在改方法、改技术。其实，人，才是课改中的关键因素。而作为精神动物，人只有活在精神世界里，才能真正活出精彩、活出幸福、活出喜悦。

接下来的 10 年，课改不能仅停留在经营技术和方法上，而要尝试去"经营人心"，经营人的精神世界。课改只有在每个人的精神世界里筑起巢穴，才能安放好教育的灵魂。课改只有让与之相关的每一个人，包括局长、校长、教师、学生乃至家长，在行动中不断发现自我、认识自我、唤醒自我、成为自我，进而创造自我，课改才有未来；只有让越来越多的课改人在这场变革中找到更高的追求，让课改成为教育者自我修炼的"法门"，成为内心有力量的人，成为有使命感的人，教育才有希望。

这正契合了课改要经历的四个阶段，即理念变观念、观念变方法、方法变文化、文化变信仰。每一个阶段都是不可逾越的，当行动成为习惯，进而积淀为一种文化的时候，背后便是可以触摸的信仰。当课改人在行动中触摸到自己的信仰时，课改便跳到了教育之外，有了更高的站位。课改的终极关怀就是让每一位教育人重拾信仰，尽管信仰可能距离我们还很遥远。有人诠释，信仰是对大自然的心灵仰慕，对未知领域的敬畏心情，对社会公正的内心追求，对美好人生的情感寄托。教育者的信仰，无疑是对理想教育的仰慕和对生命个体的敬畏。

课改的一小步，将是教育的一大步。对于教师而言，真正的成长是从精神发育开始的，是从生命的自我觉知开始的。所以，课改应有三个面向，一个面向是理念，一个面向是技术，一个面向是精神。理念让人们明晰方向，技术让人们行动有力，而精神让人们持续行走。倘若课改不能直指人心，不能触动心灵，不能抬高精神海拔，那么，理念和技术都可能因此而中断。理念泛滥与技术至上，都可能让课改在顾此失彼中误入歧途。

课改没有终点站，但课改需要有终点思维，终点思维就是先想好目的地，再制订时间表和路线图，以终点为起点去思考与设计。善于使用终点思维，才不至于偏离航道。

教育的困境每天都在，如果只关注问题会让我们无力远行。

课改源于浪漫，终于综合，精于精确。

过度追求改课容易让课改的内容窄化。

所有的课改实践都不会浪费，时间的累积总会兑现课改的结果，只是它可能是以一种观念的样态沉淀下来，然后在某一刻再反哺到实践中。

反思的力量是巨大的。反思就像疗救课改肌体的"祛毒散"，可以让课改减少功利、矫正目标、及时纠偏。

课改启动前最重要的准备性工作就是向内营销——营销愿景，营销理念，营销共识，将共识成本降到最低。

课改不在于知，而在于行，知道没有力量，相信才有力量，行动才有价值。

纠偏不是用一种经验代替另一种经验，不是用一种声音代替另一种声音，而是在多元理解中抵达真实的课改。

深度课改拒绝以"摸着石头过河"的思维去处理深水区的问题。

深度课改需要以更具理性和建设性的态度来发现、来实践、来检索得失，让越来越多的课改人真正不为别人喝彩而课改，不为赢得分数而课改。

如果课改成了作秀的道具，成了赢得民意的道具，成了捞取政治资本的道具，那么课改便成了一种折腾。

当课改与功利主义"勾肩搭背"的时候，所有的纠偏就可能成为那块遮羞布。

课改的进程最终指向两个逻辑：一个是以变应变，一个是以不变应万变。

课改没有终点站，但课改需要有终点思维，终点思维就是先想好目的地，再制订时间表和路线图，以终点为起点去思考与设计。

如果说指责是课改人的毒药，那么过度装饰则是课改人的迷魂药。

教育的灵魂之问

JIAOYU DE LINGHUN ZHI WEN

　　有时候提出问题不仅仅是为了寻求答案，更重要的是为了促进思考，因为"每一个问题都可能有两个相反的答案"。当我们总是携带着自己的立场去做判断时，就会不断加强自己的偏见；当我们忙于追逐而忘记追问时，那些积重难返的问题就会永远悬置在高处。每一次基于"现实之用"的选择都要多一点灵魂之问，因为问题里有答案和初心，灵魂里有亮光和暗香。

我们的教育会好吗

这是一个事实。

几乎没有人对教育是满意的。每一个通过学校教育一路拼杀过来的人都对考试带来的伤害有切肤之痛。人们对应试教育都深恶痛绝，却鲜有人轻易把赌注下在素质教育这一边。这是一个现实存在的悖论。

教育到底怎么了？

为什么几乎所有的人谈到教育的内卷都会义愤填膺？为什么教育外部的人在指责，而教育内部的人在抱怨？到底是教育绑架了社会，还是社会绑架了教育？到底是教育错了，还是社会错了？

当教育陷入"任人揉捏""人人喊打"的境地，当对教育充满"不高兴"的情绪弥漫整个社会，当教育无辜地扮演着社会中"最负面"的角色，我们的出口在哪里？

"不高兴"的背后是人们对好教育的向往，是对教育问题的折射。但是把"罪责"都算在教育身上，显然是不理智的，也是不公平的。我们发现，人们都在过问教育，却是以批判和以偏概全的方式在过问；我们发现，当人们指责学校教育时，实际上，家庭教育和社会教育都在犯着同样的错误；我们发现，从孩子进入学校那天起，家长轻易就把教育的权利让渡给了学校，而有关部门应该兑现的服务却常常毫无缘由地缺位。

教育不能变成一种口水战。

社会对教育的指责会让教育变得尴尬、无辜和糟糕，而教育者对环境和条件的抱怨，则会让教育变得不美好、不幸福和不正义。我们不能把教育问题放大成问题教育，更不能把社会问题放大成问题社会。有时候换一个立场看问题更容易走出误区。当我们都盯住教育的问题不放的时候，其实也可以反向思考一下：今天的教育做对了什么？现实中又有哪些对的力量在博弈？

沿着这样的方向思考，我们就没有必要过度悲观。其实，每个时代都会有一群探路者和敢于擦亮星空的人。新东方创始人俞敏洪对大学教育的现状不满意，于是开始试水创办民办大学。他说："希望用我后半生的精力和资源，打造出一所出色的中国私立大学！"北京十一学校校长李希贵为了追求自由呼吸的教育，在最有机会拒绝改革的地方启动了值得尊敬的课程改革……

如果继续列举，这样激动人心的案例还有很多。有人说，一个领导就是一个"希望"的经销商。今天每一个关心教育的人都要做一个"希望"的经销商。教育媒体人要营销希望，让正在黑暗中前行的人看到明亮；校长要营销希望，让每个教师在日复一日、年复一年的重复性劳动中看见未来；教师要营销希望，让每一个挣扎在学海里的学子不至于厌学，不至于厌世。

心灵要用心灵来唤醒，当我们都被坏情绪裹挟，重要的是，唤醒每一个人传递正能量，而不是做坏情绪的传染者；希望要用希望来点燃，当我们都身处缺少光亮的环境，重要的是，唤醒每一个个体，让每一个个体都敢于去点燃蜡烛，而不是诅咒黑暗。

熊培云在《这个社会会好吗》中写下一段有力量的文字："这个社会

会不会好，实无灵丹妙药，只取决于大家在救济人心与制度方面做了多少加法……我们不能等着天下好了才决定做一个好人。每个人都可以是美好世界的种子。种子多了，时令到了，社会自然会朝着好的方向走。"

今天，始终占据在舆论中心地带备受诟病的教育，正像生活中的堵车现象，当来往的车辆堵在没有交警和红绿灯的十字路口，大家等待着有人站出来，期待着"英雄"的出现，却鲜有人自己站出来做疏导交通的那个"重要他人"。

我们的教育会好吗？

斗胆改造梁启超先生《少年中国说》的文字——故今日之责任，不在他人，而全在我个人。我智则国智，我富则国富，我强则国强，我独立则国独立，我自由则国自由，我进步则国进步。

衡水中学惹谁了

首先声明，我并非衡水中学的支持者。衡水中学这样的教育我并不认同，甚至是历来反对的。但是，当媒体的批评铺天盖地而来的时候，我想换一个角度来审视衡水中学和像衡水中学这样的"超级中学"。

表现在衡水中学身上的的确是一种很矛盾的"怪现象"：一方面是媒体和专家对衡水中学义正词严的批评，另一方面则是大批学校以衡水中学为师，对衡水中学经验趋之若鹜；一方面是河北高中校长对衡水中学的"人人喊打"，另一方面是"不得跨市招生"限令和地方保护性政策仍然无法阻止家长对衡水中学的追逐。

在河北不少高中校长眼里，衡水中学的"罪恶"似乎罄竹难书。那些被量化的青春，那些过度的和"目中无人"的教育，被媒体解释为"人间炼狱"。那么，我们是不是也可以反向思考一下：为什么衡水中学在一些人眼里是"地狱"，而在另外一些人眼里则是"天堂"？为什么衡水中学总是被推上风口浪尖？为什么媒体会步调一致地揭露其教育的"丑陋"？这里的学生真是苦不堪言吗？为什么不是学生或学生家长站出来揭露衡水中学的问题？衡水中学到底做错了什么？连续 20 多年战绩一流的高考神话背后，衡水中学又做对了什么?

当人们都习惯性地去指责衡水中学时,这里面有没有教育的"仇富心理"在作祟?有多少学校一边骂着衡水中学的教育,一边却又言不由衷地做着同样的"勾当"?又有多少反对者本身可能就是这类教育的"帮凶"?

衡水中学惹谁了?我想,衡水中学可能主要在两个方面触动了人们的神经。

一是衡水中学所宣扬的教育与人们期待的美好教育的方向不一致。现实中的应试教育与理想中的素质教育之间存在的冲突让衡水中学成为热议的焦点。在不少人看来,衡水中学取得这样的高考成绩,背后有太多不道德、不光彩的做法。该校缺乏人性的半军事化、精细化管理模式一直备受诟病。尤其是在高考成绩上的"炫富"和大张旗鼓以应试为目标的训练性教学,极大地触及了媒体和专家的底线。所以,批评者往往是拿衡水中学做的不是素质教育来说事。其实,衡水中学不过是众多狠抓考试学校中的一员,只不过与其他高中学校相比,它把这种教育做得更"出类拔萃"。

"没有成绩过不了今天,只有成绩过不了明天。"这句话常常被拿来佐证应试教育和素质教育之间的关系。教育的现实情况是,人们只关注今天的事情,而鲜有人关注明天的事情,因为人们评价的只是当下,而明天的结果又无法测量。正如21世纪教育研究院院长杨东平所说,"衡水中学的教育是一场学校、教师、学生和家长各取所需的合谋"。

没有人愿意将自己所做的教育标注为应试教育,衡水中学也一样。衡水中学从来没有承认自己所做的是应试教育,相反,衡水中学一直在大谈特谈素质教育。客观地说,衡水中学在考试训练之外的确也开展了很多学生喜欢的课外活动。

二是人们所定义的衡水中学的生源"掐尖论"。人们的共识是,衡水中学对优秀生源的垄断,破坏了教育公平。生源的掐尖导致河北其他高中的发展每况愈下。在河北,因为衡水中学一所学校的存在导致众多薄弱高中更加弱势，所以有人说，衡水中学一所学校的"幸福"建立在众多高中的"痛苦"之上。也有不少县中试图集体抵制，但似乎很难扭转这种局面。

我们要分析的是，衡水中学是怎么走到现在的，衡水中学的高考并不是一夜之间"暴富"的，它也不是从一开始就处在教育生态链的顶端的，实际上，从"贫穷"到"富裕"，衡水中学经历了一个漫长的过程。衡水中学是通过"艰苦奋斗"一步步走到教育生态链顶端的。一旦有学校站在生态链的顶端，优秀生源自然蜂拥而来。所以，生源的"掐尖论"固然揭示了衡水中学处在教育生态链顶端的一方面原因，但是，把所有的账都记在衡水中学的头上，显然是有失公允的。为什么衡水中学能够走到这个生态链的顶端，同处在河北的其他学校不能？

我们今天要思考的不只是衡水中学做错了什么，还应该思考衡水中学有没有被妖魔化，有没有被媒体的选择性描述所遮蔽的东西。作为一所备受关注的学校，我们要研究和借鉴的是其经验中合理的部分，而不是一味地咬住问题不放。当那些不合理、不科学的部分被无限放大时，真正值得研究的核心经验则很容易被忽略。衡水中学到底做对了什么？我想，衡水中学人拼搏的精神，永远是衡水中学经验背后的核心秘密。

再次重申，这篇文章不是为衡水中学说话，而是希望更多的教育同人能以理性态度来看待名校经验。衡水中学的崛起和持续走红一定有它的"原罪"，但是也一定有值得学习和研究的秘密。

批评衡水中学者值得尊敬，因为批评者让我们不迷信衡水中学，不迷失在成功经验的阴影里，能让我们对经验看得更清楚、更透彻。支持衡水中学者同样值得尊敬，他们让衡水中学经验中合理的部分得以放大，让络绎不绝的学习者可以学到"真经"。

为什么说高中教育要摆脱内卷

社会对高中教育的批判早已是陈词滥调。但是，当"内卷"这一网络热词出现时，人们似乎格外"兴奋"，终于为这种教育的非理性竞争找到了一个准确的表达。

有人指出，内卷的主要表现形式就是竞争，这种竞争的初级阶段还是相对良性的竞争；发展到中级阶段，就演变成为一种非理性的内部竞争或"被自愿"的竞争；发展到高级阶段，则成为一种无序而有害的恶性竞争。我不知道到底该怎样界定高中教育内卷所处的阶段，但这样的内卷早已让师生"伤痕累累"，且都是内伤。学生一低头做题就是整个世界，一抬头整个世界就是做题。在这样的重复性刷题中，学习成了一种体力劳动。然而，大多数高中教育者对这样的教学日常已安之若素。

且看那些对时间的管理已经武装到了牙齿的高中。不少高中早已把每天的作息时间精确计划到了分。在采访调研中我发现，高中的上课时间大致在 5：30 到 22：20，除去学生起床和准备睡觉的时间，晚上的实际睡眠时间不到 6 个小时。网络上流传一个说法，高中生的内卷是从凌晨 5 点开始的。为什么如此相信对时间的争夺？一方面，因为人们眼见着那些投身课改的学校，教学质量并没有因此提升，而那些愿意在刷题上花费时间的学校却成绩不错。尽管这并没有具体的样本测算，但是，在现实中的确构成了一种反差。另一方面，因为身边的同学比你晚睡，又比你早起，成绩比你好，还比你努力。在强大的压力面前，学生就会主动加入内卷的大军，他们既要卷赢同学，也要卷赢自己。只有到高考结束才是高中内卷的尽头。

高中教育者不自觉地形成了一种共识，当改革的变量太多的时候，只有对学习时间的管理是可控的，当没有更科学有效的备考策略时，教育者更乐于选择防御性措施，那就是减少学生不学习的时间。对学习时间最大限度地开发使得应试教育愈演愈烈。高中习惯于在时间上过度开发，这似乎在不断强化一个"共识"：高升学率是建立在对学生时间的控制之上的。

高考是基础教育阶段的终端显示器。谁都不愿意在最关键的时候败下阵来，于是，学生苦学，老师苦教，校长苦管，家长苦陪，"苦"似乎成了高中学习生活的主要基调。在我看来，这恰恰彰显了高中教育技术的简单化。

这不是对高中教育的偏见。其实，所有人对这样的生态都深恶痛绝，但是谁也无法摆脱这个系统。人们早已习惯了用分数计算每一个学生的成功与失败。这种内卷是学校循着社会需要主动顺应和迎合的结果，不仅暴露了高中教育的"惰性"，也意味着高中教育改革的无力。

如果说对时间的过度开发是高中教育的不自信，那么高中招生中对生源的争夺，则是对高中教育秩序最大的破坏。像衡水中学这样的超级中学，几乎在每一个省市都不同程度地存在着。作为既得利益者，这类学校的存在加剧了整个高中教育生态的恶化。如果大家都去挖生源，竞相在"苗"上下功夫，却不愿意去"培土"，陷入"以挖抗挖"的旋涡，那么，高中教育自然很难看到谋变的生机和希望。

我们看到，一些高中高升学率的取得并不那么光彩。为了留下可以考上清华、北大的学生，学校会使出各种伎俩以"爱"的名义对那些已经考上不错大学的贫困学生进行劝学，劝他们留下来复读，如果考上清华、北大，学生就能拿到一笔可观的"奖学金"。教育此时不是教育，成了一种交易。

高中新课改已经这么多年了，但是，不能提高教学质量的课改，少有人主动去做。当课改无法确保3年后有更好的高考结果时，在课改和分数之间人们更愿意选择相信分数这个可见的结果，于是，高中课改做做样子的多，穿新鞋走老路的多，遭遇阵痛后"复辟"的多。

虽然高中教育有这么多不堪，又如此内卷，但我丝毫不担心高中教育由此堕落。只要教育的生态还没有被一个物种占有，这个生态里就会有不满足于现状者，就会有主动谋变者，让高中教育也有"诗和远方"。对此，我从未失去信心。我相信以北京十一学校、北大附中等为代表的高中所发起的挑战，一定可以撼动人们眼中的"衡中模式"。

我们期待着更多的超级中学能够主动谋变，打破垄断，实现华丽转身，不仅在高考成绩上写下荣光，而且在发展中写下尊严。这会使那些对现实教育抱有消极情绪的人重新燃起希望。

高中教育的高质量发展不能停留在高分数上，要有超越赢得高考的追求，不仅要发现学生的高分数，还要发现学生的热爱、释放学生的热爱、赋能学生的热爱。

这不只是愿景，更是行动。

为什么高中课改身陷重围

就高中课改而言，有太多被悬置的疑问，无法释然。

为什么高中课改轰轰烈烈地开始，却迟迟看不到清晰的成果？为什么人人叫好的课改，却叫好不叫座？为什么在升学率面前，课改显得那么无力？为什么大家明知高考神话背后有不足为外人道的秘密，却没有人愿意去揭穿皇帝的新装？为什么人人喊打的"名校"依然有那么多人趋之若鹜，乐此不疲，成为前赴后继的追随者？为什么大家明知问题所在，却鲜有人站出来改变，甘愿做"沉默的大多数"？

高中课改所遭遇的困难就是高中向素质教育转型过程中的困难。影响高中课改落到实处的主要原因，归纳起来，大致有这样几点：

有人不愿改。改革总会对以往的习惯带来巨大的挑战，所以有人说，课改就是改习惯，改教的习惯、学的习惯、管理的习惯。当习惯遭遇挑战时，人们会本能地产生抗拒。因此，有人对课改采取的是应付的态度，课改靠喊，只喊不做，总是雷声大雨点小，用文件落实文件，以会议落实会议，形式主义大行其道，最终导致"假课改"和"伪课改"。

有人不敢改。始终有一把利剑悬在高中校长头上，而课改毕竟是有风险的。与小学和初中相比，高中课改处处都是雷区，对那些缺少勇气的校长而言，风险总是大于机遇，每迈出一步总担心触雷，于是对课改采取的策略是绕道走，选择明哲保身，做维稳型校长。

有人不会改。课改需要策略和方法，方法正确结果才会正确。对于那些不会课改的校长而言，可能有课改的决心和信心，却缺少有效的方法指导，于是，课改路上浅尝辄止，不知变通，处处碰壁，成了课改的"草莽英雄"。

有人使课改成了一种折腾。昨天学江苏，今天学山东，明天学上海，新的经验不断出现，"学习运动"也不断推进，却没有找到经验背后的根本，于是，课改现场成了秀场。更有甚者，不论上面主张什么、倡导什么，基层学校或教师都会有一套以不变应万变的方法来落实。这样的课改，改到最后成了一种折腾、一种"翻腾"——翻来覆去地折腾。当自上而下的改革变成一种折腾式改革，校长和教师自然就有了改革免疫力。

处在爬坡阶段的高中课改，何以突出重围？

理想愿景是朝着应试教育的反方向走，因为在应试教育的死胡同里很难找到出口。然后系统分析那些课改领跑者的成功基因，从他们那里获取勇气、信心和方法。

在通往未来的旅程中，我们需要思考的是，在有限的空间里我们能做什么，而不是思考我们不能做什么。如果不克服课改的畏难情绪，不积蓄改革的勇气，任何一种风险都可能使你裹足不前；如果不敢在课堂上动刀子，当课堂教学效率不高时，时间就会变成被竞相掠夺的稀缺资源；如果不对课改的未来心怀憧憬，只要有条件可以获取更高的升学率，那么对升学率的贪婪就会无限制生长。同样，如果校长不能摆脱功利心，无论付出多大的努力，最终都会沦为一场表演；如果缺失了对学生生命的观照，如果不是对学生负责，只是对上负责，什么样的举措都可能成为一种伤害。

为什么北京十一学校的改革值得捍卫

认识名校永远比批判名校更为困难。

如果你不深入名校全面调研，不进入她的逻辑，不换位思考，那么你往往只能窥见她的局部，也只能站在经验的边缘做臆测性判断。

很遗憾，总有一些人还没有真正读懂名校，就去盲目批判名校，似乎不找出名校光环下那层层包裹下的"小"来，就不足以证明自己的"道义"和"水平"。从江苏洋思中学到山东杜郎口中学，再到北京十一学校，每一所名校都是伴随着质疑声走进公众视野的。

所以，这是一个盛产名校的时代，也是一个让名校充满争议的时代。名校一旦有名，她在欣然收获赞誉的同时，也应坦然接纳来自各方的批判。

为什么说名校要对外界对自己的批判泰然处之呢？因为教育内部需要更多元的声音，多元的声音才是教育领域需要的"好声音"。如果一种经验出现，迎接她的只有一种声音恰恰是不正常的。教育需要倡导学术争鸣，只是这种争鸣千万不能异化为"人身攻击"。每一个对教育现状的批判都意在指向一个更美好的未来，但是批判应基于建设，走向建设，为了建设。

当我们要批判名校的时候，请先走进这所名校，认识这所名校。当我们坚持批判精神的时候，也请恪守批判者应持有的理性态度。

就拿近年来颇受关注的北京十一学校来说，如果我们走进她，就会发现北京十一学校的教育哲学极具召唤性。北京十一学校致力于建成"一所伟大的学校"，我想她的伟大之处就在于，始终把人放在教育的中央，这是北京十一学校给我们的最大启示。北京十一学校的很多细节不仅体现了对教师的尊重与解放，还体现了对学生的最大支持与信任。北京十一学校从过去对班集体的关注转变为对每一个学生的关注。他们努力给学生更多的自主空间，建立了基于学生发展视角的学校生态诊断制度，从学生的眼光来判断学校生态，在每一个领域都关注学生的感受。更具挑战性的改革来自每个学生都有一张与众不同的课表。李希贵校长解释说，"选择是一种能力，只有让学生在选择中才能学会选择，但是我们的教育没有提供足够的选择机会，孩子们的选择权通常是被成人代替行使的"。

当某位教授站出来质疑其不可学时，我们要警惕对名校的道德绑架。名校很容易被置于一个道德高地，名校和名校长也会被公众想象成一个"高大全"的形象。道德绑架之于名校最显著的特点体现在，让名校的经验解决其他学校、其他区域的问题。一项改革难以寄希望于解决所有问题。北京十一学校是在当下产生的一个个性化色彩很浓的经验典型，不能把解决中国教育问题的重任都强加到一所学校身上。北京十一学校的经验没有责任去解决其他学校的问题，尽管有不少学校成功复制了北京十一学校的经验。

而对北京十一学校的很多做法是美国教育翻版的质疑，我想，应该有站位更高的视角。教育原本就是不分国界的，我们要关注的，不是北京十一学校的经验来自哪里，而是这样的教育理念是如何在学校里、在课堂上真实地发生的。

总之，对于名校，我们既不能捧杀也不能棒杀。对改革者的善待就是对可能性的善待。善待改革者就是善待我们的教育环境。今天我们不缺乏维稳型校长、官僚校长、书生校长，更多的人习惯于做追随者，而不愿意做改革者。北京十一学校因为有前任校长的改革铺垫，有改革文化的积淀，有李希贵校长从一线教师到校长、到教育局局长，再到教育部任职的丰富的经历，让他在教育内部和外部都经营得风生水起。

我们很多人只看到了李希贵和北京十一学校改革带来的成果，却没有站在改革者的立场思考一下他启动改革的艰辛，没有看到改革的苦与痛。一些质疑者可能更多地只看到了北京十一学校改革的有利因素，实际上，有利因素和不利因素正像是一枚硬币的两面，是同时存在的。

没有一场改革只有坦途没有坎坷。改革没有浪漫曲，改革也从来不是只有繁花似锦，其背后总是伴随着伤痛和眼泪。其实，在北京任何一所名校，推动改革都有很多难以想象的困难和障碍。李希贵原本有更多的理由选择不改。面对媒体，李希贵曾坦言，选择改革算是自找麻烦，也算是迫于无奈。"有一段时期，我们真的感觉到熬不过去了，但是我们还是在坚持、在挣扎，在往前走。"我们只看到了聚光灯下成功者的光环和荣光，却没有看到他背后的艰辛和不易。

当然，正像善待改革者一样，无论对名校的力挺者还是质疑者，我们同样需要一颗善待之心，既要善待支持者，同样要善待批评者，只有这样，才能营造一个理性对话的舆论环境。

为什么要支持课改局长"郝金伦们"

2016 年，河北省涿鹿县教科局局长郝金伦以辞职的方式抗议被叫停的课改，他的告别演说一夜之间燃爆网络。

尽管我们身处转型年代，改革已经成为常态，尽管我曾走进过涿鹿的课堂，对这位郝局长并不陌生，但真正听到这段悲情演讲，这番真情告白，我依然被深深地击中了。一位体制内的行走者以如此决绝的态度放言，我不知道他的内心积蓄了多少委屈，又承载了多少理想与现实之间的冲突。

作为一直关注课改的媒体人，我深深懂得一位坚守课改立场的局长在试图改变什么，即便一个人的理想在整个体制面前有时候真的有些渺小，即便一位局长的努力未必可以让教育变得更好，我也由衷地向这样的改革者致敬。

郝金伦满腔热血，却壮志未酬。事件爆出，有人鼓掌相庆，有人哀婉叹息；有人力挺，有人质疑。这本是舆论环境的常态。作为关注过涿鹿课改的教育媒体人，我想旗帜鲜明地说一声：我支持课改局长郝金伦和更多的"郝金伦"。

直到今天再次聆听郝局长的即兴讲话，我依然心生感动。一个格局不够的人讲不出高境界的话。他说，在教改这条路上"感到就像在大漠中追杀匈奴，回头一看，孤军深入，既无援兵，又无粮草"。我感佩于郝局长的直率。他直言衡水中学的教育是变态的教育，痛斥衡水中学对优秀生源的巧取豪夺。作为体制内的官员，这种大尺度的表达难免被诟病为不理性，但他勇敢地表达了自己的愤慨。

郝金伦局长对教育、对课改的那份纯粹和热忱，让人感动。在他的微信里，几乎无一例外都是教育这一主题。当下，有多少县级教育局局长可以像郝金伦那样每学期深入课堂听课百余节，每年阅读一百本以上的教育专业书；可以一个人夜访衡水中学，只为看到衡水中学最真实的一面；可以遍访全国课改名校，只为选择一个适合当地的课改样本？

了解当地课改的人都知道，在涿鹿这片教育热土上，郝金伦不只引入了"三疑三探"教学经验，还引入了思维可视化、学习力课题、元认知心理干预技术等课改前沿成果；在这里，不只有反对课改的声音，还有力挺课改的声音，更有通过默默行动去求证的团队；在这里，不只有课改之痛，还有着不少教育人对抗野蛮教育的课改之梦。郝金伦很清楚事情发生后那些"真正的受益者"为什么选择了沉默。郝金伦曾说："虽然，推行了近三年的教学改革搁浅了，但我从不认为它是失败的。我坚信，那些真正用心践行课改的教师非常清楚什么样的教育才是好教育。更何况，改革从来不存在失败，只要行动过、实践过，就有收获。"

郝金伦事件告诉我们，课改的推动者需要有足够的智慧搞定上级，让上级了解课改、支持课改，还要有足够的智慧搞定教师和家长，让他们成为课改的认同者、践行者和支持者。因为搞不定他们，有一天就可能被他们搞定。怎么才能搞定呢？我想一百位课改者有一百种搞定的方法。我相信，任何一个区域或学校的课改问题都不会有可以直接参考的标准答案。

这一事件还告诉我们，在行政力量和家长面前，教育的专业话语是多么无力。在最应该发声的地方，上一级教育主管部门和教育专业者缺乏应有的回应。我们期待着有专业力量的介入，深入涿鹿的学校去调研，揭开涿鹿课改的神秘面纱，看一看涿鹿课改到底做错了什么，有没有做对的地方，身处其中的学生和教师又持什么样的态度。这样的声音公众需要听到，涿鹿之外的教育人同样需要了解。

当时，《中国教育报》的一篇反思性报道围绕这样三个问题展开了分析："郝氏教改"输在哪儿？行政推动教改有没有边界？改革的共识从哪里来？我觉得体现了教育媒体理性与建设性的专业特点。

涿鹿课改之殇，是中国基础教育最典型的课改面孔。从涿鹿课改事件出发，我们有必要呼吁社会善待改革者，为改革者营造一方宽松的环境，不让改革者"流血流汗又流泪"，让中国大地生长出更多有良知的改革家。

为什么"问题学生"的问题总是难被打捞

教育常常在理想与现实之间陷入两难，我们常常在教育和教学之间顾此失彼。比如，学校不能放弃任何一个学生，但没有学校愿意牺牲整体教学质量去保护那些"问题学生"的利益。在分数评价面前，无论是学校还是老师都不得不做出艰难的选择。

无论学校多么优秀，"问题学生"总是存在的；无论学校多么不愿意接纳，都无法回避"问题学生"使精力成本增加带来的系列问题。而如何拯救"问题学生"，的确是一个比较棘手的问题。每一个"问题学生"背后都可能有诸多问题成长的背景，正因其复杂性，也常常导致教育的无解。

于是，几乎没有哪个老师喜欢专挑"问题学生"来教，除非你所在的学校是特殊学校；几乎所有的老师都习惯于抱怨，因为"问题学生"的存在常常给班级带来麻烦，除非你有绝招能修复他们的问题。

李平就是这样一位有"绝招"的班主任。两年前我曾写过关于她的故事。李平属于那种学生喜欢的比较有思想和人格魅力的一线老师。当她还在山东工作的时候，她就与她的学生一起创造了很多幸福的教育故事。

直到有一天，她和"奇葩三班"的故事被人们所知，关于李平老师的故事成了美丽的传说，在业界广为传播。

这个故事无疑有着重要的样本意义。故事发生在上海金苹果学校。据说，这所学校初一年级的每个班级都有令班主任头疼的"问题学生"。于是，校长那里会不断接到班主任关于"问题学生"的情况反映，"问题学生"的破坏力已经让班主任们疲惫不堪。这成了学校不小的难题。

万般无奈之下，校长萌生了一个大胆的想法：能否把一个年级中所有的"问题学生"集中起来，组成一个全新的班级，看看情况怎么样？这个想法显然不会得到班主任们的呼应，因为谁都不愿意接招。这个时候，校长把球抛给了李平老师，因为李平曾经荣获过"全国优秀班主任"称号。这个工作由她来承担似乎最为合适。

于是，由22名"问题学生"组成的"奇葩三班"诞生了。"奇葩三班"的问题之严重，通过几名特殊学生可以淋漓尽致地体现出来。有物理成绩只有9分的，有数学只有小学三年级水平的，有自闭症患者，还有极度厌学者，据说，班上有一个被称为"睡神"的学生，可以伴随着上课铃声入睡，伴随着下课铃声自然醒来。

这些学生往往是课堂秩序的破坏者，是老师的对抗者，但就是这样一群学生一年后创造了奇迹，不仅师生和生生之间关系融洽了，而且学生愿意学习了，全区统考合格率100%。

是什么导致了奇迹的发生？其实，李平没有使用什么"兵法"，也没有什么绝招。她的办法很简单，先是倾听和发现，然后是激励与点燃。在李平看来，倾听不仅仅是对学生的要求，教师同样应该具备倾听的习惯和能力，当我们善于倾听来自学生内心的声音，自然就有了尊重。通过倾听，李平理解了这些"问题学生"的问题，师生之间沟通顺畅了，自然有了相互理解与尊重。

"奇葩三班"有一个亮点本，用来记录每一个学生的好习惯、好行为，传播每一个学生身上的闪光点。这个亮点本让这些一直被边缘化的学生重拾了信心。

转变这些学生，李平老师付出的努力有很多。作为一种经验，这里所写的只是挂一漏万的不完全记录。总之，李平在这个班级重建了安全的心理环境，修复了学生生活和学习的信心。当他们重拾了信心，老师的教自然会有效，甚至高效。

这个故事的魅力在于，教育在尊重的基础上会自然发生，学习在喜欢的基础上同样会自然发生。这个故事的价值在于，当面对"问题学生"束手无策时，我们是否可以抛开教学，先做教育？用李平的话说，"这些学生就是来修炼我们的教育耐心和教育智慧的，从师生关系的角度，要把尊重与陪伴放在首位，从专业教学角度，要把唤醒和激励放在首位。当我们真正把教育摆在教学之前，初期可能是慢了，但可以确保学生走得更远"。

李平老师的教育密码，让我想起了浙江省宁波市广济中心小学的学校宣言："微笑，微笑！用爱与责任珍惜每一个孩子的生命年华，珍惜每一个教书育人的日子。沟通，沟通！用'假如我是孩子，假如是我的孩子'来修整自己的态度、言行，传递教育的力量。"

当越来越多的教育者开始像李平这样经营教育，像广济中心小学这样表达教育的时候，教育理想与现实之间的距离就更近了。

怎样让学生在教室里也有"在家之感"

有时候，我觉得教育是如此简单，简单到只要有爱就可以了。

前不久到吉林白山采访，我和我的同事走进了长白山脚下一个只有五名学生和一位老师的教学点。你可以用你全部的想象力来充分想象这所学校的简陋。而比校舍简陋更具挑战性的是教室里每天发生的复式教学。五名学生分属于学前、二年级和三年级三个学段，一位已经过了退休年龄却依然坚守岗位的女教师实施着再简单不过的教学。孩子们的学业成绩没有我们想象的那么差，也没有我们想象的那么好。但是，在这不好不坏的成绩背后有我们深深感动的孩子们的"幸福童年"。孩子们的幸福就写在他们的脸上和眼神里。

随着采访的深入，我们渐渐破译了孩子们幸福的密码。那就是女教师孙东坤像妈妈一样对他们的爱——每天上午9点，孙老师会生火给他们烤从家里带来的鸡蛋和馒头；在学习上，无论是课上还是课下总是大的帮扶小的；每到课下孙老师与他们一起玩耍、做游戏，其乐融融，更像是一个大家庭；每周一孙老师带领他们认真升国旗、唱国歌……

在这样简陋的环境里，我发现爱、耐心、自由、快乐可以如此轻松地实现。就孙老师的课堂教学而言，也许没有使用多少教学技巧和教学艺术，但是从五个孩子的眼神里，我们分明看到了开心、愉悦和自由。当我们第一次走进教室，孩子们的眼神里没有看到陌生人时可能流露的胆怯和距离感。我想孩子们从孙老师那里享受到了最好的教育滋养，那就是孙老师给他们的无条件的爱。在这间教室里，因为有爱的环境，孩子们的心理自然安全，孩子们的生命自然会自由而舒展。这正是教育的秘密所在。

我们也常常看到与此相反的现象。在硬件环境很好的学校，校长和老师习惯性地用优质生源的匮乏来解释教学质量不高的原因；老师们拼命研究教学的技巧和艺术，达到了炉火纯青的地步，却丢失了课堂最大的底色——爱；课堂上高高举起的小手却始终引不起老师的关注，于是，那只高高举起的小手渐渐降低高度，直到举手的学生失望地沦为课堂的边缘人。

你发现了吗？学生在课下那么释放、开心，而一旦走进教室、进入课堂，就开始习惯性地保持沉默。你发现了吗？不爱发言的学生有时候换一个老师上课，便打开了话匣子。你发现了吗？我们总是鼓励学生勇敢地站起来回答问题，却不能让学生体面地坐下来。你发现了吗？不少教师的课堂上不经意间就会释放言语暴力。你发现了吗？你的教室里会有不安全的笑声和不安全的眼神。你发现了吗？当你的教室里遭遇"不安全"，你的教学还没有开始就结束了……

其实，沉默不是孩子的性格，沉默是在不安全的教室文化里生长出的一种负面情绪。就教育而言，爱的反义词不是恨，而是冷漠，教师有意无意表现出的冷漠比恨更具破坏力。正是教室里的这种不安全不断导致着我们教学和教育的"失败"。

马斯洛的五大需求理论告诉我们，人的需求分为五个层次，即生理需求、安全需求、归属与爱需求、尊重需求、自我实现需求。只有当生理及安全两种需求满足之后，更高一层的需求才能相继产生。只有在心理安全的教室里，在免于威胁的师生交流中，学习才会自然发生。

如果说课堂是教学的腹地，那么教室则是教育的腹地。撬动教学质量的支点在课堂，拉动教育质量的支点在教室。教师在教室里的可为之处，就在于重建你的教室，让教室像家一样温馨、自由、安全，让学生在教室里有"在家之感"；重建你的教学，在你的课堂上实施非主导性教学，把课堂真正还给学生，让学生"我的课堂我做主"；重建你的情绪，让你每天的积极情绪成为学生学习的重要资源；重建爱的表达，做好耐心的等待者，静待花开，做好爱的传递者，以爱育爱。

我们该如何认识第56号教室里的雷夫

好老师都是相同的。即使是在不同的国度，好老师也总是有着相同的尺码，演绎着一样的精彩。创造了第56号教室教育奇迹的雷夫·艾斯奎斯就是这样，他的故事再次佐证了好老师背后优秀特质的高度趋同性。

2003年，《中国教师报》作为最先发现雷夫的国内媒体，第一次向中国教师介绍了这位颇有声望的"全美年度最佳教师"。

多年以后的2012年3月6日，"美国杰出教师雷夫中国报告会"在北京大学百年讲堂举行。在为期两天的会议中，雷夫分享了发生在第56号教室里许多如奇迹一般的故事，并真诚地回应了与会教师现场提出的系列问题，给出了许多行之有效的教学建议。

雷夫是美国洛杉矶市霍伯特小学五年级教师。他从教20多年，获得过美国"国家艺术奖"、"全美最佳教师奖"、英国女王颁发的大不列颠帝国勋章（M.B.E）等荣誉。在第56号教室里，雷夫创造了轰动全美的教育奇迹，被《纽约时报》尊称为"天才与圣徒"。雷夫所著的《第56号教室的奇迹：让孩子变成爱学习的天使》一书成为美国最热门的教育畅销书之一。雷夫火了，但面对他人的高薪邀请，他仍然不离不弃，坚守在这间第 56 号教室。

雷夫深信：致力于孩子的人格培养，激发其对自身的高要求，才是成就孩子一生的根本。雷夫设立的"终身阅读""生活的数学""以运动为本"等课程，不仅可以在课堂上立刻实践，而且在家庭教育中也同样实用。他将"道德发展六阶段"理论导入教学实践，以此来教会孩子们学会成长：我不想惹麻烦—我想要奖赏—我想取悦某人—我要遵守规则—我能体贴别人—我有自己的行为准则并奉行不悖。这六个阶段描绘出了孩子美丽的成长路线图。

雷夫与他的第 56 号教室已成为我们认识美国教育的一个窗口。20 多年在一间教室，雷夫与不同的学生演绎着同一个主题的故事。在他身上虽然有诸多文化差异导致的与众不同，但是，在对教育理想和理想教育的追求上，我们读出了更多共识。聆听雷夫，阅读雷夫，让我们认识了雷夫的这样四个侧面。

一是本色雷夫。雷夫的本然与真实，让我们感到汗颜。当我们在大谈教师要转变自身角色的时候，我们发现，雷夫从来不谈什么教师角色。雷夫在学生面前，包括在我们面前，都是真实的、本色的。学生喜欢他也许不只是他的学识、幽默，更重要的是真实。真实，可能是学生信任雷夫、愿意接近雷夫的基础。从雷夫开始，让我们做本色教师，然后，大胆地从教育词典里删除教师角色这一概念，因为教师一旦成为某种角色，就意味着表演与扮演。

二是圣徒雷夫。雷夫是一位教育的圣徒。对他而言，教育可能已不是一种职业，而是一种生活方式。他喜欢孩子，孩子是他生活的一部分，他也是孩子生活的一部分。他在第 56 号教室营造了一种家的氛围，因为当学校和教室没有了"家"的感觉，教育将很难发生。第 56 号教室的孩子们自愿每天早晨六点半到校，一直待到下午五六点才回家。即便在节假日，孩子们也喜欢来到学校，跟随雷夫老师一起阅读、做算术、表演莎士比亚戏剧、去旅行。雷夫说："一个孩子走进学校，并不意味着接受教育，只有当他面对一本书沉醉不已的时候，教育才刚刚开始。"

三是故事雷夫。雷夫站在那里就是一本故事集，故事里的主角始终是他和他的学生，故事里有阳光的味道，有爱的色彩。雷夫本身又是一位讲故事的高手，他的演讲与中国的很多专家不同，鲜有耸入云端的宏论，更多的是发生在他和学生之间的故事。故事是柔软的，却又是有力量的。雷夫重新定义了教育家：教育家一定是一个有故事的人，一定是一个能讲故事的人。作为一位草根教师，雷夫能够成为美国最有趣、最有影响力的教师之一，成为唯一一位同时获得美国总统颁发的"国家艺术奖"和英国女王颁发的帝国勋章的人，也佐证了一点：真正的教育家一定来自一线教学田野，是从课堂里走出来的，而非从书斋和庙堂里走出来的。

四是智慧雷夫。雷夫秉持的是一种朴素的教育哲学。在他的第 56 号教室里，没有害怕，只有安全；在他的课堂上，很难找到他，因为他常常在学生中间或在教室的某个角落里，课堂是真正属于学生的，他讲的话语很少，更多的是放手让学生自主讨论、探究、质疑，老师真正成了学生学习的服务者、促进者、陪伴者和欣赏者；当他遇到"问题学生"时，他不会跟学生去讲道理，但是如果学生一直调皮的话，就可能被安排坐在教室的后面，让学生自己来决定什么时候再回到课堂学习中来，让学生学会自己对自己的行为负责。在雷夫眼里，没有差生。谈到那些学习成绩不好的学生时，他的表达是"成就感最低的学生""远低于基础的学生"，他们只是在等待一个好老师的出现。

"开学第一课"到底是谁的第一课

每一个人都会经历很多人生的第一课，不管你是否有充分的心理准备，不同时期的"第一课"总会到来，在你的生命中留下或温暖或灰色、或美好或无奈的印记。而对于亿万中小学生而言，一年一度的"开学第一课"已成为定期到来的美好期待，留下的往往是善意的提醒和正能量的激励。

自2008年起，由教育部和央视精心制作的《开学第一课》，已成为每年开学季送给学子们的一份特别的礼物，被誉为"学生的春晚"。在这堂课上，一些知名公众人物会次第登场，最美教师、最美妈妈等人物的事迹会催人泪下，这样的授课教师阵容可谓豪华。

比这宏大的集体第一课更让人感动的还有很多细节。比如，来自长城内外和大江南北的学生可以在同一时段，以同样的方式同上一节课。这可谓史上班额最大的一堂课。比如，不少学校纷纷组织学生集体收看《开学第一课》，并要求学生写出观后感。这个同题作业往往被学生演绎得精彩纷呈。

当越来越多的学校把《开学第一课》作为必修课时，这个节目本身就被赋予了更多的期待。为此，如何让一台节目满足来自不同区域、不同学习背景、不同年级的学生需求，这可能是需要制作者认真思考的问题。

或许对于很多孩子而言，无论这一堂课的制作者怎么来设计，总能收获别样的感动。只是，要不同的学生在这相同的一节课中读出更多的不同，的确要求制作者从更高的站位对《开学第一课》进行再思考。

当我们回到原点对《开学第一课》进行再思考时，就会发现有很多问题值得细细品味。无论是央视的《开学第一课》，还是各学校自行创意的"开学第一课"，大概都需要关注如下三个问题：

第一，"开学第一课"到底是谁的第一课？显然，学生才是第一课的主角。那么，如何从学生视角出发设计出学生喜欢的内容，让更多的学生参与到第一课中来？解决好了这个问题，"开学第一课"便能真正成为学生的开学第一课。

第二，"开学第一课"的第一属性做何理解？显然，"开学第一课"的第一属性应该是第一。既然是第一课，它就要与第二课、第三课区别开来。如果一项内容可以安排在任一时段去上的话，那么，安排在第一课就缺少了特殊的意义。对于中小学生而言，每年秋季开学无非是升入高一年级或进入一个新的学段。据此，"开学第一课"可以定位于两个教育：一个是起点教育，一个是节点教育。起点教育使学生在新的起点有一个好的开始，而节点教育则是关键时候的一种提醒、一种指引。

第三，第一课只是一堂课吗？当"开学第一课"一年一年办下去并有了延续性后，设计者是否需要有更系统、更完整的思考？是否需要把"开学第一课"当作一门课程来开发？当设计者具有了系统的课程开发意识，那么"开学第一课"便更有针对性、更有系统性。

"开学第一课"不可能是完美的，但是它一定要敢于指向完美；即便我们不可能寄希望于一堂课改变孩子什么，这堂课至少也要能触动孩子的心灵，具有开启意义，涌动着仪式感，并且避免让孩子成为"开学第一课"的工具。

许孩子一个美好的童年到底有多难

不知从何时起，"让学生睡好觉"居然变得如此困难，要通过有关部门下发文件来要求。教育部曾发布通知，明确要求小学生每天睡眠时间应达到 10 小时，初中生应达到 9 小时，高中生应达到 8 小时。同时，要求加强学生睡眠监测督导。这一"睡眠令"让中小学生睡眠不足现象再次受到关注。

《中国国民心理健康发展报告（2019—2020）》显示，青少年睡眠不足现象日趋严重，95.5% 的小学生、90.8% 的初中生和 84.1% 的高中生睡眠时长未达标。如此之多的学生都"缺觉"，到底是什么偷走了学生的睡眠？

我想这一现象背后，不仅有"鸡娃"的忙碌和"鸡娃"家长放不下的焦虑，还有学校在知识点教学上变本加厉的层层加码。

刚上小学不久的侄女一直很怀念幼儿园时期的生活。她说，幼儿园里没有作业，中午还可以午休。前不久，在我与弟弟的通话中，他再次说起了自己的烦心事。一段时间以来每天的数学作业成了他最头疼的问题。他谈到的最典型的一件事是，老师每天让学生限时 5 分钟口算完成 100 道数学加减混合运算题，第二天老师会现场测试，并且会把测试的结果通知所有家长。在短信里，学生的名字被编号替代，每天过关的有多少，未过关的有多少，会一一列出。很遗憾，侄女成了 7 名没有在 5 分钟内完成任务的"差生"之一，以至于家长数次收到不关心孩子学习、不配合老师教学的提醒。

提高口算速度并没有错，但是这样的过度训练和负面反馈难免会给学生造成压力。原本无忧无虑的童年生活一旦被繁重的作业占据，被充满压力的学习占据，孩子们将很难感受到学习的快乐。这正是我所担忧的。当教师在知识点教学上过度用力的时候，孩子的身心成长将被忽略；当教师对教育的认识缺少高阶思维时，教学就会降格为体力劳动，孩子的学习就会被简化为重复练习。我想说，数学教材很薄，但教育很厚。当教师在潜心研究教材知识点的时候，同时要研究一下教育，研究一下儿童。因为儿童的内心世界和学习规律才是教师最值得研究的专业方向。从这个层面讲，真正对孩子的童年构成威胁的不只是考试和竞争，还有教师的教育眼光、教学智慧和授课方式。

在这一现象中，我想教师不仅仅要关注学生口算的速度，还要设法激发学生对口算的兴趣。数学原本是用来发现和探究的，应该是有滋有味的。一旦被教师简单压缩成了"加减法混合运算"的快速记忆，数学学习便没有了趣味，数学学科便丢失了应有的味道，孩子的兴趣也就没了。孩子学习的兴趣没了，还何谈教育。

南明教育总校长干国祥曾撰文指出："当一个孩子在成功穿越学习／劳动的过程之后，他的意志力与责任感，以及自尊感、自信心，他对学习／劳动的渴望与热爱，都将随之增强。如果这种正面学习占据他学习生涯主导的话，那么我们将在不久之后得到一个大写的人，一个有着'想做个好人''想成为一个卓越者'这一美好愿望的人。"这是多么直抵灵魂的提醒！无论如何，孩子不能成为教育的"受压迫者"，学校不能成为让学生惧怕或厌恶的地方。学生一旦被贴上"差生"的标签，不断被强化负向反馈，一旦对学习和考试产生厌恶，他们还能燃起对读书的兴趣吗？

有人说，"传统教育模式正在被重新建构，没人能预测坍塌的时间，我们能做的是为改变做好准备"。如果我们认同这样的判断，那么，我们是否已经做好了准备？

作为教师，我们的工作不是给孩子的世界筑上一道墙，让孩子无路可走，而是应该给孩子的世界打开一扇窗，让孩子自由呼吸；作为教师，请时刻进行换位思考：假如是我的孩子，假如我是孩子。

记得墨西哥一位学生写给老师的信中有这样几句话：请重视我的优点，承认我的才干，在此基础上建立起的自信能激励我前进，让我看到自己的价值；请您不要偏心，当您表扬一些人却忽略了其他人，就会伤害我们之间的关系；请帮助我发扬我的优点，而不仅仅是提高我的能力，因为在成为一个好学生之前，我首先应该成为一个好人。

这是孩子的心声，这样的心声不知有多少教师真正读懂了。我想，教育者不能把快乐放逐出儿童的生活，因为，孩子的童年太需要快乐、陪伴和欣赏了。

还好"双减"来了，让我们一起许孩子一个美好的童年！

"上学"可以成为一场有趣且有意义的奔赴吗

　　不是所有的教育活动都一定要有意义，也不是所有的知识因为有用就要要求孩子们去学习。有时候，忘记所谓的有用和意义，可能更便于让教育链接孩子们的生活，更便于让教育指向孩子们的世界。教育一旦被所谓的意义绑架，就有可能走向功利的危险，教育者和受教者都可能因此陷于疲惫。

　　对于小学教育而言，应该有趣还是有意义，这原本不是一个非此即彼的对立命题。但时任北京亦庄实验小学校长李振村的一番话成为深入思考这一命题的缘起。同为媒体人，李振村可谓教育传媒领域转型做校长的第一人。谈及自己的办学理想，李振村坦言，要办一所真正让学生喜欢的学校。他说，假如要在做有趣的教育还是有意义的教育之间选择的话，他一定会选择有趣。在他看来，对孩子而言，有趣比有意义更重要。

　　基于这样的认识，李振村和他的团队开启了有趣教育的探索。比如，他们开设了始业课程。一年级新生刚入学的时候，拼音的学习被后推两个月，学科的概念被淡化了。"对于刚入学的孩子而言，语文、数学、英语、美术等这些学科概念是无法理解的，也是没有意义的。"李振村说。于是，这里的始业课程不再是枯燥的拼音学习、机械的生字抄写，也不再是被动地听老师讲解，被动接受各种训练。每月一个大主题，每周一个小主题，孩子们唱儿歌、读绘本、玩游戏、演戏剧、学舞蹈、学唱歌。教师不再是单纯教学科知识，而是陪着孩子度过愉快的一天又一天。就这样，学习变得好玩了。而这种好玩的学习方式已经慢慢地把孩子们引向了学科知识的门口。

让教室变得更好玩，更符合儿童的心理特点，是该校的又一大创新。这里的教室不仅比常规的教室要大两倍，而且安全、舒服、温暖，不仅是孩子们学习的地方，更是孩子们快乐生活的地方。为了方便孩子们学习，学校把各种资源放到学生触手可及的地方。于是，电脑和网络进了教室，简单的科学实验器材进了教室，图书进了教室，拼搭积木玩具进了教室，绿色植物进了教室。就是这样的教室，让孩子乐在其中，流连忘返。有时候到了放学时间，孩子还在教室里磨磨蹭蹭不愿离开。

与北京亦庄实验小学不同，河南郑州艾瑞德学校则将好玩和有意义镶嵌进每一次真实而具体的活动体验中。他们以天地为课堂，引山水入胸膛，将星空、峡谷、城市、古都、黄河、大山编织进孩子们的六年生活，让学习变得好玩，即让孩子们在一年级"露过一次营"、在二年级"穿过一条谷"、在三年级"经过一种爱"、在四年级"访过一座城"、在五年级"蹚过一条河"、在六年级"翻过一座山"。这是艾瑞德学校学生六年小学生活的独特经历：山川河流、日月星辰、春夏秋冬尽在其中，融入心中，让"六个一"成为孩子六年成长鲜明的符号和记忆，也让孩子在观世界中形成自己的世界观。这样的小学生活也正在重塑着艾瑞德学校的教育生态。

有趣与有意义正像一枚硬币的两面，孩子关注的是有趣，而教育者关注的是有意义。对教育意义的过度挖掘，可能会让我们的努力走向教育的反面。如果我们的学校教育总是显得不好玩，如果我们的孩子不喜欢学校，那么，教育还没有开始就可能要结束了。学习发生的前提是想学，想学的前提是好玩。玩，原本就是孩子的天性。对于孩子而言，他们不会因为知识有用才去学习，而是觉得有趣才会参与，有了体验，自然会有学习发生。教育者的智慧就体现在如何让孩子真正实现"在玩中学"，在好玩的活动中有丰富的情感体验和思维发展。

王阳明说："大抵童子之情，乐嬉游而惮拘检，如草木之始萌芽，舒畅之则条达，摧挠之则衰痿。"我期待，有趣和好玩成为小学教育的重要品质。请每一位教育者尝试着重返童年，以孩子的视角发现并创造更多有趣的学习活动，让教育摆脱刻板与无趣，让校园保持童真与烂漫，让好玩给学习引流，让"上学"成为一场有趣且有意义的奔赴。

为什么说懂学生才能爱到学生的需要处

　　人们用"四鸭"教育即赶鸭、填鸭、烤鸭、板鸭来概括当今教育的问题，可谓形象而贴切。上课如赶鸭，教学如填鸭，每天在烤鸭，走向社会学生便成了板鸭。

　　每一位教育者都不希望教育沦为"四鸭"，每一位教育者心中都有自己心向往之的教育理想，但是，当自己的理想找不到出口的时候，可能在一次次的妥协中就不由自主、不同程度地加剧了"四鸭"教育的结果。

　　但这不能成为我们拒绝改变的理由。对于有专业发展追求的教师而言，越困顿越可能投身变革，正所谓困则思变。教师专业发展的突围一定源自精神和思想层面的自我觉醒。

　　谈到教师专业发展，就涉及起点在哪里的问题。教师专业发展的起点是什么？原江苏省教科所所长成尚荣给出的答案是，儿童研究是教师专业发展的第一专业。他有一个鲜明的观点："儿童是熟悉的陌生者。对有的儿童认识，对有的儿童陌生；有时候熟悉，有时候陌生；看起来熟悉，实际上很陌生；更为严重的是，常常以熟悉遮蔽陌生，以陌生代替熟悉。从实际上说，儿童、儿童发展是教育上的一个黑洞。"

　　遗憾的是，在研究儿童、研究学生这件事上，我们做得的确远远不够。

教育是让不同的孩子变得更不同，是为不同孩子的多元成长提供更多的可能性。如何让不同的孩子变得更不同？教师不能仅提供教材上的知识供学生学习，不能只通过对教材的熟练把握来表达对教育的理解，还要通过对学生的"尊重、呵护和爱"来表达。

当你真正有了儿童立场，你工作的路径就会发生变化，你就会产生更多的追问：我们真的发现学生的需求和诉求了吗？学生喜欢我们给予的教育吗？教育原本就不是给予，而是发现、赏识与呵护。所以，在课改步入深水区的时候，需要把基于儿童的研究放置在课改的"引擎地位"。这不是技术调整，而是一种战略转移。

那么，如何研究儿童呢？成尚荣给出的路径是，认识儿童要坚持"四个回到"，即回到儿童原来的意义上去，回到儿童完整的生活世界中去，回到儿童的最伟大之处去，回到儿童的学习、工作、生活方式上去。

多年前，我曾走进河南省洛阳市西下池小学采访，后来我多次在文章中提起他们的一个做法。那就是学校的教师把"儿童观察"作为提升教师专业能力的一个重要切入点，坚持撰写儿童观察日记。他们基于心理学原理，通过提供量表，让全体教师在教育教学实践中进行"儿童观察"，开展针对不同儿童的研究，建立起教育哲学的视角和逻辑，以此理解儿童行为背后的语言密码和真实诉求。我想，这就是回到儿童完整的生活世界，回到儿童的伟大之处，去认识和研究儿童。

还有一所致力于儿童研究的样本学校——湖北省襄阳市前进路小学。该校校长张春森把课改定位于"基于认识儿童"的改革。在认识儿童方面，他把性格色彩引入教育，引入学生的日常生活，性格色彩用红、黄、蓝、绿四种颜色予以划分，让教师因"色"施教，让学生因"色"相处。他认为，学生不同的行为表现投射出不同心理特质和性格特点，学生的性格有类型的差异，但没有好坏的区别。在前进路小学，每一位老师、学生都对性格色彩熟稔于心，因为对性格的准确认识，同学之间学会了相互理解、和睦相处，教师更能理解学生的行为表现。这样的做法发生在2013年。今天来看，性格色彩依然是一个认识学生的有效工具。

这两个案例都在启示我们，教师应当在了解、尊重儿童气质差异的前提下实施教育。要让教师的专业发展超越学科壁垒，回到基于人的研究上来。让教师像研究教材和教法一样来研究学生，不仅考量着教育者的勇气，也考量着教育者的良知与责任。深受学生欢迎的教师，他们的魅力不仅源于学科，还源于比学科更重要、更深邃的专业素养——那就是对学生的了解。教师专业发展不能不由自主地陷入技术的旋涡，纠缠于学科的味道。教师更应该跳出学科的窠臼，关注学生的情绪，研究学生的性格。研究学生绝不只是班主任的事、德育干部的事。如果教师忽略了对学生的精神的关注，我们的教学就只能永远止于知识层面。

上海市教育学会会长尹后庆曾说：今天，我们在讨论如何深入改进教学、如何关注教师发展的同时，一定要关注学生，去真正研究学生学习的现状和处境。不研究学生，教学就会陷于盲目之中。教师对学科教学的把握只有在对学生情绪、性格的坐标系中才能准确定位。因此，比学科素养更高的专业素养是超越了学科的教育哲学，也即对儿童的系统研究，它可以引领教师对教育有更深刻的认识。

懂学生才能爱到学生的需要处，才能做到因材施教。但是，懂学生比爱学生更难做到。人们常说，经师易得，人师难求。课改背景下，教师不仅要做经师，更要做人师。在未来的课改叙事中，希望每一所学校都有一门自己的"儿童学"或"学生学"校本课程。

如何让教育向"好玩"处生长

"儿童立场"是个历久弥新的话题。儿童立场不是概念化的、抽象的，而是具体的、真实的、可感可触的，儿童立场就在儿童的生活中。"教育的大智慧是认识和发现儿童"，当我们在教育中还儿童以儿童的世界，当我们习惯于从儿童世界的既有经验出发，引导儿童在经历、体验中发现并认识未知世界，那么，我们便坚守了儿童立场。这里有两个具体的教育场景，从中我们或许可以看到教育者对儿童立场的坚守。

好玩的节日

服装节正式开始了。孩子们依次走上长长的红地毯，展示自己个性化的服装搭配和独特的服装装扮，"蝙蝠侠"引起的欢呼还没有退去，"蜘蛛侠"又匍匐着身子爬上红地毯，引得观众尖叫连连……

这一切像是一个现实版的"儿童国"。这是北京玉泉小学的个性服装节。这一天，孩子们可以竭尽所能发挥想象力，设计自己的个性服饰。不少学生身着自己动手改造的衣服，有学生甚至用报纸编制成马甲闪亮登场。这一天，这个儿童国度的主人是学生，他们在以自己的方式过着真正属于自己的节日，包括校长、教师、家长在内的成人则以儿童的姿态充当着欣赏者。校长高峰认为，学校设立这个节日旨在寓教于乐，丰富校园生活，展现独特个性与魅力，培养学生发现美、欣赏美、创造美的能力。

在玉泉小学，这样的节日还有很多，比如泥巴节、面食节、电影节、远足节……这些都归属于玉泉小学的十大好玩课程。我特别感兴趣的是"好玩"二字。对孩子而言，好玩是课程的第一属性，其次才是所谓的教育意义，因为玩是孩子们生活、交往、学习、成长的重要方式。如果课程是好玩的，则一定会有学习发生。

据校长高峰介绍，十大好玩课程的产生并非来自教师，而是来自学生的选择。学校面向全体学生发放了调查问卷，通过全校学生投票，在50多个好玩课程中最终选出当年的十大好玩课程。十大好玩课程每年都在变化，变化的是课程，不变的是童心，是儿童的立场。

与此形成鲜明对比的是，不少学校都设立有阅读节、体育节、科技节等，但这些节日往往因为融进了成人的逻辑，往往因为被过度赋予了教育目的，而不被孩子们喜欢。这些被工具化的节日，往往从成人教育立场出发，而非从学生玩的立场出发。因此，所谓的节日成了任务，成了形式，成了学校教育的工具。

课程的消费者是学生，课程应基于学生，为了学生，发展学生。当学校顺应儿童爱玩的天性，从孩子的童心出发设计课程，当学校创造条件让孩子们以自己的方式建构自己的课程生活，当通过这些课程可以帮助儿童发现自己、发现他人、发现生活、发现社会，无疑就坚守了儿童立场。

我想，这样的课程至少好玩，起码孩子喜欢。

好玩的课间操

课间操一定要整齐划一吗？课间操可以玩出什么花样？

有两所学校的课间操变化给人以启发。早在几年前，四川省成都市盐道街小学就结合学校开展"绿娃娃自主行动",倡导学生自己创编课间操,提出"我自主、我快乐、我健康"的口号,希望学生自主创编课间操。让学校始料未及的是,报名"创编"课间操的学生十分踊跃。学生们并没有"个人英雄主义",获准"创作"的学生大多很快建立起自己的"班子",少则三五人,多则十来人,自己选音乐、编动作,还组成了"小小表演队",不断地修改。一、二年级学生的课间操充满了"娃娃味",连音乐也选了小孩喜欢的《健康歌》;五、六年级的课间操则有较强的节奏感,还融进了拉丁舞动作。据了解,孩子们的"创作团队"还突破了班级的限制,跨班甚至跨年级组合在一起"为自己创编课间操"。该校副校长乔晓红认为,由学生自己创编课间操,在老师的帮助下完善后,再回到学生中去,不仅更容易受到学生的欢迎,还会让学生体会到成功的喜悦。

江苏省昆山市前景教育集团的课间操也打破了整齐划一,将课间操的决定权交给学生自己,倡导学生自由选择和创新活动。这里每天的大课间分为"规定动作、自选动作和创造性动作"三个部分。在规定动作之外,课间操每天都有新花样,这些新花样都是由在学生中征集的创新点创编而成的。即便是规定动作,学校也尽可能提供学生喜闻乐见的形式,比如,学校创编了"骑马舞"作为课间操,赢得了学生的普遍欢迎,对学生而言,做操也成了一件快乐的事。集团董事长张雷认为,整齐划一的课间操可以体现出学校的管理水平和师生的精神面貌,可以培养孩子的集体荣誉感和团队精神,但"规范大于好玩"。"以前一些学生躲着课间操",自从打破了整齐划一的课间操后,"现在学生是盼着课间操"。

做课间操不是为了好看,应该是在"好玩"中锻炼身体。我们一味强调统一、美观,反而可能伤害了孩子们自由和探索的天性,破坏了"儿童"的本义。

　　社会对教育的指责，会让教育变得尴尬、无辜和糟糕，而教育者对环境和条件的抱怨，则会让教育变得不美好、不幸福和不正义。

　　批评衡水中学者值得尊敬，因为批评者让我们不迷信衡水中学，不迷失在成功经验的阴影里，能让我们对经验看得更清楚、更透彻。支持衡水中学者同样值得尊敬，他们让衡水中学经验中合理的部分得以放大，让络绎不绝的学习者可以学到"真经"。

　　期待着更多的超级中学能够主动谋变，打断垄断，实现华丽转身，不仅在高考成绩上写下荣光，而且在发展中写下尊严。

　　理想愿景是，朝着应试教育的反方向走，因为在应试教育的死胡同里很难找到出口。然后系统分析那些课改领跑者的成功基因，从他们那里获取勇气、信心和方法。

　　对改革者的善待就是对可能性的善待。善待改革者就是善待我们的教育环境。

　　当面对"问题学生"束手无策时，我们是否可以抛开教学，先做教育？

　　正是教室里的这种不安全不断加剧着我们教学和教育的"失败"。

好老师都是相同的。即使是在不同的国度里，好老师也总是有着相同的尺码，演绎着一样的精彩。

"开学第一课"到底是谁的第一课？"开学第一课"的第一属性做何理解？第一课只是一堂课吗？

作为教师，我们的工作不是给孩子的世界筑上一道墙，让孩子无路可走，而是给孩子的世界打开一扇窗，让孩子自由呼吸。

如果我们的学校教育总是显得不好玩，如果我们的孩子不喜欢学校，那么，教育还没有开始就可能要结束了。

懂学生才能爱到学生的需要处，才能教到因材施教。但是，懂学生比爱学生更难做到。

儿童立场不是概念化的、抽象的，而是具体的、真实的、可感可触的，儿童立场就在儿童的生活中。

打破教学的贫困

DAPO JIAOXUE DE PINKUN

　　教育的愿景与行动之间存在着方法，这个方法就是"课改"。课改每前进一步都伴随着对旧有经验的打破。在打破中自有容易识别和被寻见的美丽。对于一线教师而言，宏观的课改理念是需要学习和接受的，而微观的教学才是需要改变的。当过去和未来都汇聚到当下，课改人当真诚响应自己理想的召唤，用追马的时间来种草，用行动抵抗"经验的黄昏"。

教学，请把“减法”作为方法

每一次改革都基于一个具体的痛点。

“双减”新政也一样。作业负担和校外培训负担早已成为附着在教育肌体上的病毒，让学生和家庭不堪重负。

如今，“双减”已经走过一段时间。学校内部落实“双减”的策略和路径积累了哪些新经验？学校教育发生了怎样的变化？只有循着具体的做法、具体的问题、具体的反思，才能洞见更清晰的线索。

当教育改革进入“双减”时代的提质增效阶段，有人说，需要课堂效率“高起来”，作业布置“活起来”，课后服务“亮起来”，家校协同“实起来”。这自然是一个系统工程、一个复杂系统，需要统筹兼顾、彼此协同，更需要抓核心、抓重点、抓住矛盾的主要方面。抓不住“牛鼻子”，落实“双减”就可能陷入困局。

北京师范大学中国教育政策研究院执行院长张志勇说，“双减”的首要举措实际上不是作业改革，而是“大力提升教学质量，确保学生在校内学足学好”。如果课堂教学质量不提上去，作业改革是没有逻辑基础的。“双减”改革第一枪，还是要深化课堂教学改革。这一论断告诉我们，减负关键在课堂，核心在提质，根本在激趣。如果没有直击课堂教学中的痛点，没有回应课堂教学的效率问题，没有观照学生的学习动力问题，那么减负就可能沦为一个伪命题。

放在教学维度里理解"双减"，我们会发现，"双减"带来的重要契机是教学提质；"双减"给了我们一个重要启示，在教学上把"减法"作为方法，减出更多可能。一直以来，在教学上我们做"加法"的事情太多。一些教师总是不自觉地把时间投入到详细的讲解上，比这更糟糕的是，他们通常乐此不疲，无法自拔。殊不知，教师讲得越多越容易让学生的大脑产生惰性。

以减法思维重塑教学，绕不过去的追问是：教师讲授的时间是不是可以减少？哪些问题可以不提？哪些错误可以不予回应？哪些教学目标可以删除？

减法的背后是底气。减法思维下的教学要把"教"降到最低，给学生留白，让教师成为"教"到学生需要处的人，这不是靠勇气来完成的，要靠底气。如果储存的知识匮乏，如果缺少对课程教材的深入研究，如果对复杂的学情缺少足够的把握，所谓的减法便可能沦为懒惰和"不作为"。只有思考更全面，研究更深入，才能减到关键处；只有理解了学生自主学习的重要性，才能做到智慧的"不教"；只有把教师要做的事减到最少，学生要做的事情才可能增到最多。"减到最少"不是不作为，而是一种更大的智慧。相反，如果教师太过忙碌，就可能成为一个"盲人"，学生将成为教师眼中"熟悉的陌生人"。

减法背后意味着创造。减法的本质是实现"少即是多"。"少即是多"是高效课堂的一个重要标尺。怎么才能做到"少即是多"呢？教师要整体地教，学生要完整地学。对教师而言，整合教学内容便提上了日程。与此同时，教学组织要从"课时"走向"单元"，课时和课程内容整合到位了，"少即是多"才有可能达成。这自然对教师的专业能力提出了新的挑战。教学是一项创造性劳动，无论是设计教还是优化学，都要不断走向创造，而关注学生学习的状态，研究学生"持续投入学习"的内驱力，无疑是教师最大的智慧。

减法的背后是谦卑。让教师放手，并不容易做到。教师只有谦卑才能放下偏见和优越感，才能看见学生的成长、热情和可爱。高效课堂不在于教师讲了什么，讲了多少，而在于教师倾听了学生多少，观察到了学生多少。尤其是教师要将目光投向那些学习困难的学生，让他们安心地说出"我不懂"。教师保持谦卑才能发现学生，敢于示弱才能成就学生。

教学上的"减法生存"更像是一次解放行动，解放教师的"教"和学生的"学"。"双减"之下，让我们给集体备课更多时间，以减法为方法检索课堂，让常态课更高效，让学生在课堂之上的学习生活更有存在感、获得感、成就感。如此，"双减"才能不减责任，不减质量，不减成长。

课堂教学不能陷入技术的泥潭

有时候，出发得久了就需要回过头来看一看我们为什么出发，我们最终要到哪里去。

课堂改革也一样。当我们在一条路上走得久了，就要停下来整理一下思绪，看一看课堂的原点和终点，然后校正一下通往理想课堂的路径。

最近，在采访之余，看了不少具有显著课改特征的课。这样的课堂，有清晰的流程，有教师的主动隐退，有学生的精彩展示。毫无疑问，这是学生的课堂，是学生敢于大胆表达自己观点的课堂，但是这样的课堂一路看下来，便有一丝隐忧——课堂有温度，但缺乏深度；课堂技术的功效发挥到了极致，却缺少了精彩的生成。

在言必称课改的学校教育现场，我们目睹过太多这种形式大于内容的课堂、花样翻新的课堂。也许今天的课堂太过关注课堂技术的创新了，以至于我们的课堂上教育的底色显得有些暗淡；也许我们的实践者太过功利了，以至于始终坐享"模式红利"，沦为课堂技术的精致追求者；也许过度追求创新反而可能导致课堂方向的迷失，让课堂在低层次徘徊而无法超越；也许在不知不觉的模式创新中我们又一次陷入了"教与学"的分裂。

这是不是在传递一种危险的信号？

课堂不能陷入技术主义的泥潭。一度升温的课堂教学"模式热"的确促进了教学规范的形成，但课堂改革不能一直坐享模式的红利，如果说模式是通过改变教师"教"和学生"学"的方式来保障课堂效益底线的话，那么，在关注模式的背后还要关注教和学的内容重构。

课堂不能陷入技术主义的泥潭。如果说模式保障了课堂效益的底线，那么，在技术之外，需要教师投入心灵的力量，投入爱、热情和耐心。技术在"平等的爱"的面前是多么苍白，所以，教师不仅要研究"组织学、引导学、点拨学"的方法，还要研究爱的方法，研究爱的语言如何准确表达，研究爱的故事如何发现并传播。

课堂不能陷入技术主义的泥潭。有人说，课改改到深处是信念的重建。当课堂的结构和技术有了科学的规范，点燃教师的职业热情，提升教师的职业素养和职业信念就显得尤为重要。这也是要倡导在学校里建立教师生活中心、情感中心和成长中心的原因。这"三大中心"正是教师职业素养、职业热情和职业信念的孵化园。

课堂不能陷入技术主义的泥潭。因为课堂的精彩，功夫在课外。学生只有在课外有更丰富的体验，有更广泛的阅读，有更多元的信息输入，课堂上才可能有更精彩的生成。于是，有学校开始在课堂改革之外引入"高效读写"来扩大学生的阅读面，提升学生阅读的速度和效度。于是，主题性学习、项目学习、场馆学习等开始被引入学校。这些都在开启一个全新的学习时代。

课堂不能陷入技术主义的泥潭。好课不仅是遵循流程的课，不仅是看得见思维痕迹的课，而且是有追问和质疑的课；好课不仅是教师示弱、学生示强的课，而且是可以通过高清晰度的组织程序，将学生的思维转化为可见、可听、可感的迸发创造性的课。好课堂是一张名片：好课堂里出故事，好课堂里出性格，好课堂里出精神，好课堂里出素养。回过头来审视今天的课堂改革，我们距离改革的目标还有很长一段路要走。

人人创课，才能打破教学贫困

　　语文特级教师孙建锋为"创课进校园"量身定制的一节课，引发了大家的关注，也让"创课"这个全新的概念逐步发酵——有时候一个概念可以启发一项改革，引领一种方向。

　　孙建锋的这节课的确有点另类。他会怂恿学生直呼其名"孙建锋"，他总是蹲下来为学生递话筒，与学生对话，更吸人眼球的是，课尾，他提议让学生站在课桌上集体表达自己，这样具有很强仪式感的"课堂行为艺术"似乎是在完成另一种更具想象力的课堂表达。

　　我猜想，这节课结束学生离开会场，可能也没有搞清楚，这位不一样的老师到底给他们上的是什么课。学生能否读懂其中的用意也不得而知，但这堂课可能是孩子们生命中难忘的一节课。

　　其实，这节超过了一个小时的课到底是一节什么课，或者说如何定义这节课并不重要。重要的是，学生看见了以前从未在语文课上看到的内容，学生见识了不一样的老师、不一样的课堂。有时候，教育不就是为学生打开一扇窗吗？仅此而已。

　　这节课上，学生显然是被孙老师"牵引"的，学生们不

把课改作为方法

知道接下来会发生什么，不知道这位老师葫芦里到底卖的是什么药。但学生在这种"牵引"下似乎乐在其中，若有所思。这样的创课让我重新认识了"牵引"的意义——有时候，"牵引"更有利于促进学习！

这节课显然是超越语文边界的，也超出了我们既定的认知范畴。孙建锋——这位"搜商"很高的特级教师，没有将自己局限在语文学科有限的框架内，而是围绕"行动，才是最伟大的"这一主题，广泛收集文字和视频资料，然后大胆取舍，这种由多种材料统整的文本组合，形成了一节完整的、独特的"语文课"。

这正是创课的最高层次——创教材，创出独特的教学内容。这样的创课完成了从 0 到 1、从无到有的创生。

创课到底要创什么？它可以有多种形式，创导入、创追问、创评价、创练习、创反思、创教材……课堂教学的所有流程和细节都可以拿来创意、创新、创生。正如孙建锋所说，创课的核心是将一种新的教学想法化为教学现实，即"创课＝想法＋做法"。

创课是基于教师独立思考的，需要教师发扬"工匠精神"，是张扬教师个性的，是指向教学的艺术的，它更关注教学的意义；创课，是从学生的兴趣和需求出发，寻找契机和资源，需要打破既有的程序和模式，需要通过混合式学习来为学生带来全新的课堂体验；创课，可以为深度课改提供一个方向性提示，它可以拓展学习的边界，可以打破教学的贫困，可以让课堂里不只有枯燥的知识和考试，还有诗和远方。

一直以来，教师都是"教教材"和"用教材教"的那个人，所谓超越教材，重构教学材料，从来都是一件很奢侈的事情，是可望而不可即的事情。而基于某一主题的创课为超越教材提供了可能。

教师不能始终处在这样的尴尬地位，也不能自我设限。创课，人人可为！创课，可以让一线教师在自己有限的空间里大有作为。每一位教师都可以通过创课建立一个动态开放的系统，通过创课寻找好课的标准，通过创课完成教师专业成长的快速提升。

需要提醒的是，基于创教材的创课，是加餐，是大餐，而非家常餐，是补品，是营养品，是对多元需求的发现和满足，不可多吃。对于普通教师而言，这样的创课可以没有；而对于优秀教师而言，这样的创课不可以没有。

法国作家阿贝尔·雅卡尔在《睡莲的方程式》一书中说："即使是最微妙的概念也可以很早就介绍给学生，不一定非要让他们完全理解这些概念的所有细节，但目的是要激发他们的兴趣，朝这些概念指示的方向进一步探索。"

"创课型教师"的使命正在于此！

"创课型教师"要做点灯人，要为学生提供更多的知识线索，延伸学生的学习视野，让他们精神有光、灵魂丰满、思想独立，进而帮助学生发现生命和生活的意义，这样的教师也被称为"师父型"的教师。

创课，就是要让教师做这样的人。

课堂因重建而具有作品感

重建课是一场自己与自己的同课异构。同课异构重在"异"，难在"构"，往往因为专家的参与，你会遇见更精准的目标叙写、更深刻的反思、更细微的学习观察，这一切将让重建课变得更有研究味和方向感。当课堂经过重构之后，当重建课与写作不期而遇，教学变得更有作品感，教研变得更具吸引力。

一次重建课唤醒了教师的创课意识，一次带着工具和支架观课议课活动让教师爱上了教研新样态，一次课后专业写作让教研成果可视化，也为教师专业成长打开了一扇窗。

2021 年 11 月，由《中国教师报》策划组织的"教师重建课与专业写作"工作坊在山东济南天山实验学校成立。该校教师成长学院是与《中国教师报》联合共建的。《中国教师报》特聘专家王红顺带领教师成长学院成员开启了全新的学习体验。

阅读、写作、创课是教师成长学院确立的教师成长的三个主题。这次活动是共建教师成长学院一周年之际，继阅读、写作之后开展的第三个课程模块——创课。

教师成长学院成员高秋云和刘超分别执教了数学课《用字母表示数》和语文课《总也倒不了的老屋》。课前，他们为参与的教师发放了观课记录表、焦点学生学习历程观察表、说课表、议课记录表等教研工具。

两位教师的重建课，前后形成了鲜明对比。重建后的教学环节更加流畅，学习目标更加精准，核心问题的设计更加清晰、系统，构成了问题链条；学生的参与度更高了，思维流量也增加了许多，学生的主体地位更加凸显，"教学评一体化"做到了真正落地。

这些改变让在场观课的教师认识到了"课堂重构"的重要性和观课议课迭代的重要性。尤其是预习导学单、问题探究单、反思训练单"三单"在第二次教学时的使用，让学生有支架地学、有路径地学、可见地学，课堂因此更高效了。

这次重建课是创课的一部分，旨在以微创新的方式实现课堂的迭代与重建。那么，重建课到底要重建什么？一堂课结束之后可以沿着什么样的路径进行重建？

大家在活动中关于重建课达成了五点共识：一是重构二次备课的框架体系；二是重新修订学习目标；三是重建流程，基于学情进行学程设计，提炼有挑战性的主干问题；四是重组课程资源，用好典型例子；五是重构评价，围绕目标制订评价指标，实现"教学评一体化"。

正是秉承这样的重建课理念，《中国教师报》特聘专家王红顺一对一辅导两位授课教师，从学习目标的分析到预习导学单、探究问题单、反思训练单的确定，逐个环节打磨，为第二天的重建课做准备。只有把重建课的内容设计出来、上出来，再写出来，才能探索出专业写作的提升路径。

在王红顺看来，重建课的背后实际上是一种教研文化的重建，倡导教师要敢于打破固有思维，走出自己的认知边界，挖掘学科的育人因子、文化因子，站在育人的高度审视教学，进而走向润泽的课堂、生成的课堂。

本次活动是一次培训的升级，实现了教研活动的三个迭代：

一是从带着经验观课议课走向带着工具观课议课。当观课议课有了具体的支架，便超越了经验的范畴，走向了基于证据的议课。

二是从"学以致用"走向"用以致学"，实现研训流程的翻转。借助观课、议课、说课的工具，先练习使用，然后专家点拨指导，"用以致学"遵循了学习者的学习规律，让研训更高效。整个过程遵循由"培"走向"训"的路径，翻转教研带给了大家更多的反思。

三是"写课"的引入实现了创课、观课、议课、写课的有机融合和"做明白—说明白—写明白"的贯通。本次研训体现了"流程即课程"的理念，流程设计有两条主线：一条是明线，即如何通过"一课两上"，习得重建课的路径与方法；一条是暗线，即在观课、议课中梳理"写课"的思路。对于教师而言，写下来就是又一次成长。

这种有效且实用的教研方式，让一堂堂好课不断生发，也让每一堂课具有了作品感和生命感。正如一位老师在心得中所写的：写出来就是一场盛宴，期待每次都能从这样的活动中汲取专业写作的灵感，在专业发展路上，一路芬芳。

让教与学在课堂上实现协同 "交响"

学校正处于一个言必称 "改革" 的当口，而课堂又处于学校改革的核心地带，所以有专家说，课改需要在 "改课" 上寻求真正的突破。

"改课" 改到深处是改关系，即改教与学的关系、师与生的关系，这两对关系恰恰是整个教学过程中最基本的关系，它直接决定着课堂教学的效益。

我们今天要辨析的是 "教与学" 的关系。在 "教与学" 的关系上，我们似乎一直缺乏必要的共识。教育部基础教育教学指导委员会委员柳夕浪在《中国教师报》撰文指出，过去，教学关系经历过两次转变，第一次转变是从 "不讲" 到 "满堂讲" 的转变，强调所谓 "书读百遍，其义自见"；第二次转变是从 "满堂讲" 到 "精讲多练"。其实，在两次转变的基础上，教学关系必将呈现出三种关系样态。

第一种关系是基于 "教中心" 的。教是占绝对主导和领导地位的，学则从属于教，受控制于教，教的程度直接决定学的程度，似乎教师教到位了，就意味着学生学到位了。以教为中心的课堂很容易造成大面积的虚假学习，很容易导致 "教掩盖了学" 的结果。由此，教就可能走向反面，不是促进学、支持学，而成为学的障碍，对传统课堂 "少慢差费"

把课改作为方法

的批判正是基于这一点。

第二种关系是基于"学中心"的。课堂要从教中心走向学中心，让教最大限度地服务于学，即将教降到最低，将学尽可能放大。在这一点上，无论是理论界还是实践领域，应该说都已经形成了最广泛的共识。

当下渐成趋势的所谓翻转课堂，就是将教与学的顺序、教与学的主体地位进行翻转，从原来的先教后学，转化为先学后教，将原来的"教师教、学生学"，转化为"学生教、教师学"，就学习者而言，施教比受教更能学到东西。江苏洋思中学当年倡导的"兵教兵"就是很好的例证。再往更远处追溯，当年陶行知在他的学校里推行"小先生制"，主张让学生从"为学而学"走向"为教而学"，显然切中了"教是更好的学"这一规律。

那么，除此之外，教与学还有没有新的关系存在？在我们曾多次走进的河南汝阳圣陶学校里，我们看到了"第三种教学关系"的一角。

"教与学"不能陷入简单的"二元对立"中，教与学还应有第三种关系，那就是去中心化的，摆脱教中心与学中心的窠臼，走向一种不断纠偏的课堂状态。

教与学表面的对立中却蕴含着一种统一的关系，我们需要重新审视对立背后的关系本质。如果将其对立起来陷入非此即彼的争论中，显然是肤浅的。按照日本学者佐藤学的说法，"倘若局限于同步教学或是个别学习的二元对立的图式，课堂改革是难以充分推进的"。

过去，教与学一直是被作为静态关系看待的。而实际上，教与学的关系不是理论研究时假定不变的，相反，真实存在的教学关系恰恰是动态变化的。当我们跳出这样的思维逻辑，课堂改革的具体行为才可能得以校正。

不同的教学流派都试图通过坚守自己的立场来解决教育的问题，但面对一所学校的每一个具体的学生，教与学都是复杂存在的，课堂教学没有真正的万能之药。

进入第三种教学关系，课堂则实现了一种混合式学习。在整个教学链条中，有时候是以教为中心的，通过教促进更好地学，有时候是以学为中心的，自主学习成为核心特征，进而实现教中有学、学中有教、不分彼此的样态。建立在二元关系的统一上，最终促进个性化学习的实现，尤其是在网络环境下，随着学习资源的开放，第三种教学关系支撑下的混合式学习将成为新常态。

需要提示的是，教与学是相互转化的过程。如果说前两种关系的转化需要一种新的制度设计来确保，那么，走向第三种教学关系的课堂则需要一种文化来涵养。这种文化既需要和谐的师生关系做支撑，又需要学生有较强的自主学习能力、教师有较高的专业素养来奠基。这一文化可以有效放大教师和学生共同作为学习者的特征。课堂上围绕同一话题，师生、生生的想法在对话中相互碰撞，在协同中奏出课堂相异构想的交响乐，这将是"新学习时代"期待的样态。

读懂了细节就读懂了课堂的秘密

这是一个真实的课堂细节。

一次公开课上，执教老师抛出一个问题后，不少学生张大嘴巴很配合地回应着。

"这位同学你来说说。"老师看着距离自己最近、嘴里一直在说的一名学生说。

奇怪的是，这名学生却坚定地摇了摇头，拒绝了老师。老师的表情显然流露出了一些意外，进而自然将目光转向了其他举手的同学。

这是一个不易察觉的课堂细节，然而，这样一个细节却击中了我。

老师将目光转向另一名学生，也就中断了与这名离自己最近的学生的连接。而无论是教育还是教学都是在不断的连接中发生的。

我在想，这名学生到底在想什么？他在担心什么，回避什么呢？为什么他不能安心地讲出自己心中的想法？他怕说不好吗？还是没有勇气说？抑或刚才嘴里大声说的时候是在"滥竽充数"？所有这些都是我们的猜想，如果没有与这名学生的坦诚对话，我们永远无法分析出这一细节背后的真相。

其实，这样的课堂现象并不鲜见。太多的课堂情境并不支持学生说出自已真实的想法，尤其是那些看起来似乎粗糙的表达。长期以来，教师们总在寻找那些精彩的回答、正确的表达，久而久之，学生早已学会了准确揣摩出老师的心思。

作为教师，我们是否太在意顺畅的课堂？是否已经习惯了忽略这样的沉默？一位真正读懂学生、读懂学习的教师，一定会对每一个学生的发言都充满期待和信任。

然而，在发现学生、倾听学生方面，在真实地面对课堂问题方面，我们关注得实在不够。有人曾这样概括课堂上教师的特点——嘴长、心急、耳朵短。所谓嘴长，就是说得过多；所谓心急，就是不善于等待；所谓耳朵短，就是倾听得不够。正是这样的不足，让课堂丢失了原本应该追求的核心素养。

这样的课堂细节，我们需要拿出来研究，研究背后的真相，研究解决的方法。一位优秀的教师不仅要读懂课标、读懂教材，要通过系统研究读懂学生、读懂学习；不仅要有教会学生学会学习、学会知识的硬实力，而且要有帮助学生觉醒、发现学习意义的软实力。

一切改革都需要愿景引领，又都需要策略护航。课堂也一样，在朝向理想课堂的路上，我们越来越发现，许多时候，不是理想不够，不是理念不够，也不是动力不够，而是策略和方法不够。我们太热衷于追逐新的理念，而缺乏策略研究，缺少方法接引，缺少具体的路径来转化核心素养。

建设好课堂太需要具体的方法论做支持，太需要具体的策略加以实现。我们需要从三个维度来关注研究课堂策略。

一是读懂学生。教师的第一素养应该是在读懂教材的基础上读懂学生的素养，研究学生才是教师成长最重要的课程。正像一位老中医不仅要熟悉药材，还要有丰富的临床经验，只有号准病人的脉，才能对症下药。教师也一样，只有读懂学生才能因材施教。那么，到底如何读懂学生？认识和读懂学生的方法到底有哪些？

二是读懂学习。不知学，何以教？一位优秀的教师一定是能教会学生学习的，而非仅教知识的，一定善于用学的方式来教，从学的规律出发认识教的规律。每一位教师都应该以学习者为中心构建一种学习学，让学习变得更高效、更简单、更有趣，可以更好地实现深度学习，实现高质量的学习。教师只有成为一个懂学习的人，才能成为学习中的首席。那么，学习到底是如何发生的？真实的学习是怎样的？学习有哪些具体的方法可以借鉴？

三是读懂教研。教而不研则浅。《学习的革命》一书的作者珍妮特博士说过，"学校如不飞速改变，就会全面崩溃"。教师也一样，如果不带着研究的思维去教学，就可能被学生淘汰，被时代淘汰。那么，教师如何为谋变课堂而研？哪些教研方式可以更好地直击问题的核心，可以促进教师快速成长？

以上三个维度的分析，须坚持"理念为先，策略为要"原则。希望您带着研究的思维，尝试着去读懂学生，并与学生一起思考学习，思考课堂，积累更多策略来改进课堂，并通过这些策略让核心素养在课堂上顺势生长。

打捞那个年代"动的教学"

我们常说，"温故而知新"。打捞过去的经验，不是为了"复古"，而是为了更好地认识当下。

东北师范大学附属小学首任校长王祝辰主张的"动的教学"把我们拉回到了那个年代的改革现场。那个年代，基础教育领域受杜威教育思想的影响，经历过波澜壮阔的变革，产生过异彩纷呈的成果。"动的教学"就是其中诞生的重要成果之一。它融合了自学辅导、分团教学、社会化法、道尔顿制四种方法的长处。这说明，当年的改革不是"坐井观天""自娱自乐"，而是在国际视野下发生的。

课堂"从静到动"意味着一场革命，意味着课堂结构的根本性变化。创造以"动"为典型特征的课堂，让我们又一次发现了课堂的秘密。"动的教学"就是倡导学生动手的课堂，倡导学生在"做中学"的课堂；"动的教学"旨在放大学生的体验，没有体验的学习不是真正的学习；"动的教学"就是要改变学生的状态，让课堂具有生命的律动；"动的教学"就是让学生从被动学习中解放出来，从被动走向主动。

其实，关于"动"，有很多人都做过经典的论述。美学家朱光潜就曾说过，人生来好动，好发展，好创造。能动，能发展，能创造，便是顺从自然，便能享受快乐；不动，不发展，不创造，便是摧残生机，便不免感觉烦恼。

遗憾的是，人们对"动的教学"的秘密认识得还不够。有人说，课堂改革正在遭遇一种"盲动"现象，也有人在批判课改背景下出现的课堂"满堂动"现象。这可能揭示的只是部分现象。在我看来，这并未道出课堂改革的真相。今天的课堂不是动得过度，而是太过寂静了，太多的课堂还沉浸在教师的控制之下，我们的课堂过于沉闷，学生缺少动的机会、时间和空间，"雷声大雨点小"的课改和课改的"夹生饭现象"依然大量存在。

今天，我们需要反思：是否真正认识到了动的重要性，是否找到了动的路径。彻底告别沉闷的课堂，也许还有很长一段路要走。所以，当有人在主张课堂里要进行"静悄悄的革命"时，我依然想不合时宜地喊一嗓子——让我们的课堂先"动起来"。"动起来"的课堂才有生机；"动起来"的课堂，才会有身体的舒展，而身体舒展是生命舒展的重要前提；"动起来"的课堂，才可能突破教师单向灌输的课堂结构；"动起来"的课堂，才能确保学生学习的实现；"动起来"的课堂，每节课才可能有脑洞大开的感觉。

重提"动的教学"，意在强调课堂动的程度代表着课堂开放的程度。当然，课堂不仅仅是"动起来"那么简单。"动"有着丰富的内涵和形式。动是律动，即遵循规律地动，而非盲动；动是不断发展升级、螺旋式上升的动，而非原地打转的动；动是学生主动、师生互动、文化联动，是多元链接的，而非单纯的学生动，孤立地动。

动可分为身动、心动、脑动，从身动到心动再到脑动，是一个渐进的过程，身体动起来不是目的，目的是让学习真实发生。只有心动、脑动的时候，学生才可能进入真实的学习，才可能有深度学习的发生，否则教学就变得太肤浅了。

改革从来都是与问题相伴而生的。让课堂从静走向动的过程必然会遭遇到很多问题，这正是改革存在的意义，改革就是不断发现问题、解决问题的过程。课堂改革就是要为"动的教学"建立支持系统，让动真实发生、深刻发生、生动发生。

最后，我想回应一下"好的课堂一定是动静相宜的"这个观点。这个观点从理论上说具有思辨价值，但一旦回到课堂实践中就会发现，课堂的真实状态总是偏向一方的，不断纠偏的过程正是"动静相宜"的过程。所以，课堂必然要考虑动的适切性，过度地动与一味地静一样不可取。课堂的生态系统正是在不断纠偏的过程中趋于平衡的。

向马大帅学习课堂上的"为师之道"

不知是谁第一个发现了"马大帅代课"的课程价值。

于是，电视剧《马大帅2》中那段关于马大帅给学生上课的片段，成了各地课改培训现场重要的课程资源。片段中，马大帅是一位办学人——教师和学生眼中的"马校长"，他创办了一所农民工子弟学校。因为小学四年级的一名数学教师有事不能上课，马大帅作为校长看在眼里，急在心里。于是，马大帅找到了语文老师李萍，希望她能临时救场，却被一口回绝。无奈之余，马大帅只好硬着头皮自己去客串数学老师，给学生上一节连他自己都看不懂的关于"一元一次方程"的数学课。

一个连课本都可能拿反的老师，何以完成一堂数学课呢？剧情的演绎自然让人忍俊不禁。尽管课堂上马大帅在学生面前可谓洋相百出，然而，就是这样一位教师却凭着临场应变的机智完成了一堂数学复习课。以至于语文老师李萍在教室窗口偷看时，都忍不住露出了会心的笑容。

也许有人会说，马大帅是一个庸师，因为他连最基本的数学知识都不懂，并且明显存在知识的硬伤，何以去点拨指导学生的学习？有人会说，没有准备就去给学生上课是不负责任的，一个合格的老师至少要充分备课、备教材、备学生。

也可能有人会说，"马大帅式"教师的存在，是对教师职业专业性的亵渎。

但这些并非我们要讨论的重点。我们要讨论的是，可以向马大帅学什么？客观来说，这只是电视剧里的一个剧情片段，不是真实课堂情境，在评价这堂课时，我们无法就此做出精准的研判。不过，我们可以这样思考一下：这堂课上，马大帅教了吗？有学习发生吗？学生学会了吗？马大帅的教学流程是什么？沿着这样一个思路追问下去，我们会发现好课堂和好教师的部分标准便渐渐清晰起来。

马大帅教了吗？显然，就知识而言，马大帅没有教，但是谁又能说马大帅不是这堂课的教学组织者呢？按照新课改理念的要求，教师的角色要从原来的灌输者和问题解决者转变成为组织者、引导者。对于新课堂而言，重要的不在于教，而在于问；不在于教师的问，而在于学生的问；不在于教师教了什么，而在于学生是否学了。作为课堂教学组织者的马大帅无疑是到位而不越位的。

那么，这堂课有学习发生吗？毋庸置疑，这堂课上始终有学习发生。当学生敢于主动提出问题的时候，学习就已经发生了。教不是学习发生的前提，主动学习的愿望才是。继续追问：学生学会了吗？不得而知。因为这不是一堂完整的、真实的课，没有呈现课堂的检测环节，我们无法判断学生们是否都学会了。但可以肯定的是，那些提出问题的学生，通过其他学生的帮扶应该是学会了。

我们再来梳理一下这堂课的教学流程。马大帅一上课首先是提问，问学生上节课学到哪了，问学生谁有问题，让学生找出不会的，这便生成了当堂课的学习目标。接下来的流程是解决问题，马大帅的习惯性用语是"谁会"，这一问问出了学生的热情。每当学生提出不会的问题时，总会有学生站出来回答，不仅帮助同学解决了问题，也为马大帅顺利解围。学生解完题，解答得是否正确，评价与判断依然由学生完成。因此马大帅的教学流程可以归纳为四个字：问—标—帮—评。

分析完以上四个问题，再回过头来看，向马大帅学习要学习什么呢？

学习马大帅利用学生的智慧。马大帅因为自己不懂知识，他不得不相信学生，也不得不利用学生。从这个意义上说，马大帅不经意间把问的权利、讲的权利、评价的权利都还给了学生。作为这节课的组织者，马大帅充分利用学生教学生的智慧，可谓是他最高级的教学智慧。

学习马大帅向学生示弱的智慧。示弱是一种教育智慧，尽管马大帅的示弱是出于无奈，但正是这种教师的"弱"却成就了学生的"强"。每个学生天生都有展示欲，尤其是在老师和同学面前公开展示，会有更强的成就感。学做懒教师，方能培养勤学生。学会示弱，方能培养强学生。遗憾的是，今天有太多的老师习惯于在学生面前逞强，习惯于表现自己。

学习马大帅向学生学习的智慧。教学相长，在这堂课上体现得淋漓尽致。马大帅最初读题时出现了明显的知识硬伤，比如 x 念成了 s、除以说成了除掉和除，当他从学生那里发现了自己的错误时他马上予以纠正。

曾子曰："用师者王，用友者霸，用徒者亡。"这原本是古人的用人之道，我们可以把这句话移植到课堂教学中来隐喻教师的智慧。如果老师能把学生当作老师，或者能把学生当作朋友，就可以成就好课堂；倘若在课堂上老师永远是强者，这样的课堂则是失败的课堂。马大帅无疑是把学生当作老师的，这反而成就了学生、成就了课堂。

放手、示弱、利用是为师之道，知识、方法是教学之术。对于那些习惯性不相信学生，又不善于利用和发动学生的教师而言，所谓对教材和知识点的精准把握，在具体的教学中所发挥的效益就会大打折扣。

课改背景下，怎样做教师？这个问题不是电视剧中这个剧情片段所能给出答案的。只是新教师的"角色学"尽在这个片段里了。当然，我们学习马大帅，但绝不能沦为马大帅。这一点需要特别提醒。

叶澜：真诚是课堂改革的"药引子"

她的研究让"生命"重新回到了课堂教学视野。只要有机会她都会泡在课堂里，在她看来，"只有在课堂里才能捕捉到教育发生的变化"。从 20 世纪 90 年代开始，在上海一所新建小学，她便带领团队每周四用整整一天时间听课、评课、座谈。这个被称为"相约星期四"的听评课活动正式开启了让课堂焕发生命活力的"新基础教育"行动研究的序幕。

她是华东师范大学终身教授叶澜，一位特别看重"教育学家"这个称谓的"中国版杜威"。叶澜教授胸怀"国之大者"，她 30 多年的实践研究，催生了我国第一个本土化的教育学理论——"生命·实践教育理论"。她坚信，"基础教育只要坚持改革，并积极践行，便可走出一条中国自己的路"。

那是 2015 年秋季开学初，叶澜教授带领她的团队一行 5 人赴山东省泰安市实验学校听课调研。这一天，她与往常一样，进入校园便直奔课堂而来。从 8 点开始，整整一个上午，她连续听了 3 节课，下午则重点评课。

至今难忘她听课评课的一些细节。一走进教室她就主动提出要坐到教室的前面，这是她多年以来保持的听课习惯，这样可以随时看见学生的面孔，可以观察到学生最真实的学习状态。

泰安市实验学校多年来践行的"思维碰撞"课堂，效果显著。按照他们的校本化定义，"思维碰撞"课堂是以"组织学习"为基础，以"思维碰撞"为亮点，以"一科一模"为特色，建构凸显"学科特征"的个性化课堂，是旨在培养学生"独立人格和批判性思维"的开放课堂。

在叶澜教授眼中，这是一所开放度很高的学校。对于很多学校来说，没有底气是不敢开放的。"有两类学校对改革的积极性不高：一类是已经有了经验的名校，他们很难再进行自我批判；一类是自认为很差的学校，没有动力去改革，所以只选择维稳。"从这个意义上说，泰安市实验学校作为当地一所优质学校依然义无反顾地选择改革，更值得尊敬。

在评课过程中，叶澜教授始终将关心学生成长放在第一位。她对"思维碰撞"课堂给予了肯定。"思维碰撞"课堂呈现了丰富有序的内容、多元参与的思考，是一种关注生成的课堂，有利于学生的健康成长。"思维碰撞"课堂关注批判性思维，让学生理解他人，从他人角度思考问题，有利于疏解学生在学习中产生的逆反情绪，缓解学生的逆反行为。

叶澜教授还提出教师在课堂上不仅要有内容意识，更要有研究学生的意识，要善于在课堂上研究学生："你能否从学生的眼睛里读出愿望？你能否听出学生回答中的创造？你能否觉察出学生细微的进步和变化？你能否让学生自己明白错误？你能否让学生的争论擦出思维的火花？你能否使学生在课堂上学会合作，感受和谐的欢愉、发现的惊喜？"只有不断研究学生，观察到学生有什么样的成长，这才是"人师"。一个优秀教师就要学着成为"人师"，让学生从已有的高度成长到可能的高度。"课堂自身是有生命的，教师一定要更敏感，能够准确捕捉到学生的生成。"所以，叶澜教授鼓励一线教师做研究。教师不做研究就可能倦怠，一旦进入研究状态，便没有时间倦怠。教师还要有"归零意识"，要敢于在现有基础上实现新突破、新发展。

叶澜教授内心始终有一种"学生意识"。她说："每个学生以完整的生命个体状态存在于课堂活动中，他们不仅是教学的对象，学习的主体，而且是教育的资源，是课堂生活的共同创造者。"教育就是通过"教天地人事，育生命自觉"，实现人的生命质量的提升，体现教育中人文关怀的特质。

因此，关于公开课，她提出教师是为学生而上课的，而非为专家上课的，要学会"目中无人"，不要太在意台下听课的专家。

关于目前课改中普遍关注的课堂评价问题，叶澜教授认为，评价最重要的是内在评价和内在反思，如果能唤醒学生的自觉意识、内在动机就更好了。教学需要量化评价，也需要质性评价，关键是如何适度统一。

活动的最后，叶澜教授给泰安市实验学校写下了"大道至简、返璞归真"8个字，这正是她多年以来追求的教育境界。她所推动的"新基础教育"就是要使原本就因生命存在而充满内在生机的教育，从被传统教育弊端造成的"沙漠状态"，重新回到"绿洲"的本真状态，这是教育的"生态工程"，是教育上的返璞归真。

在"教育焦虑症"越来越普遍的当下，叶澜教授认为，"新基础教育"是一个药方，"真诚"是药引子。这个药方需要那些真诚地愿意改变教育现状的人去做，若无"真诚"为药引，这个药方是没有用的。

改革不易。与所有的改革者一样，叶澜教授也有自己的苦痛和无奈。"她曾在一次总结会上哽咽失语，流泪不止。在这个世界上，还有什么比改变人更为艰难、更为持久的事业？"她的学生和同事，华东师范大学教授李政涛说。

救赎课堂到底要救赎什么

拿什么拯救我们的课堂？这是一个看起来宏大的命题，重提这一话题意在提醒、旨在回归——提醒出发得太久的人能不断回归，回到起点，然后再出发，看一看方向和终点。有时候，以终点为起点，常常能让未来别有洞天。

这似乎是一个比较沉重的话题。课堂里存在的问题已经积重难返，许多问题已经是一种"文化性"的存在。正如有些资料中所描述的中英课堂反差，英国的教师从小就没有经历过"满堂灌"的课堂，于是，在他们的教学常态里少有灌输和控制。

这正是课堂救赎的应有之义。拯救课堂不仅要关注更高的可视化的效率和质量，更重要的是救赎那些看不见的元素，比如好奇心、展示欲、质疑精神和民主意识。

当知识本位的课堂教学依然在野蛮生长时，我们便陷入了教学的窠臼。课改这些年来，尽管一线教师对新的教学观念并不陌生，但理念与行为之间的互动却明显乏力，从观念到行动还有很长一段路要走。

那么，课堂救赎到底要救赎什么？

首先是课堂结构的救赎。当我们的观念还不能有效支配行为的时候，可以拿结构和程序来确保效益。用"先学后教"来确保"学"真实发生，用"10+35"或"0+45"来确保少教多学，否则，不少教师就可能一厢情愿地把"教"狭义地落实为"讲"，把"讲"演绎成"满堂灌"。

"教"是"学"的支持性条件，"学"是"教"的根本性目的，"教"是以学习、学会和会学为终点的，"学"永远是"教"的起点。所以，无论何时何地，如果学生还没有开始学习，我们的教学就不能开始！所以，在相当长的一个时期内，课堂结构的改革可能比课堂艺术的追求更重要。让教学从艺术回归科学，就是让课堂的结构和流程本身也发挥育人功能，就是让教学从普遍规律中找到集体突围的出口。

其次是课堂目标的救赎。清晰而精准的目标可以更好地统领教学的环节与相关要素。比如，可以用大目标统领小目标，用长远目标统领近期目标，用高阶目标统领低阶目标。总之，目标对了，结果才可能对。教学目标的确立可以参考如下因素：一是从教学目标转化为学习目标；二是从课时目标到单元目标、学期目标，处理好短期目标与长期目标的关系；三是目标要不断瘦身；四是改模糊的目标为具体可测的目标。

再次是"表达"的救赎，或者说"话语权"的救赎。"学"的重要方式就是"说出来"。遗憾的是，学生话语权的缺失已经成为课堂的"致命伤"，而这背后则是课堂民主因子的缺失。人们常说，最好的学习就是讲给别人听，这是一个重要的学习常识。想明白的未必能说明白，"说明白"就是让学习"从为学而学，走向为教而学"。通过放大"说"来拉动"学"，通过扩大成果的输出来带动知识的输入，无疑满足了学习者的展示欲，也撬动了学习者的学习动力系统。营造一个宽松的环境让学生想说、敢说、会说，让他们敢于质疑教师、怀疑教材、挑战权威，让他们不怕出错、不怕出丑，理应成为课堂的新常态。

美国教师雷夫在回答我国一线教师提问时，曾直言我们课堂的问题。他认为，我们的学生总是为了教师而表达，总是表达教师想要的答案，而丢失了自我。学生已经习惯了揣摩老师的意图，并且揣摩得很到位。雷夫所在的第 56 号教室之所以特别，不是因为它拥有什么，而是因为它缺少了一样东西——害怕。我们的课堂是否能让学生感到内心是安全的？是否能让学生在课堂上有在家之感？师生之间的对话是否能真正让学生在免于威胁的交流中进行？

所以，救赎课堂就是让教师的"教"可以充分支持学生的学习，就是让学生学习的过程成为体验成功、经历民主、滋生信心的过程。从这个意义上说，救赎课堂就是救赎未来。

为什么教学要从对标艺术走向对标科学

教学是艺术还是科学？这是一个长期存在且历久弥新的话题。

教学领域一直存在"艺术论者"和"科学论者"。其实，艺术与科学都可能是高质量教学的注脚。艺术对应的是不确定性，主张"法无定法，非法即法"；科学讲求确定性，是"教学有法，贵在得法"。

美国教育心理学家盖奇认为，问题的重点不是教学到底是艺术还是科学，而是用更科学的方法能否更好地理解教学。法国作家福楼拜也曾说，科学与艺术在山脚下分手，在山顶上会合。

通俗地理解，"怎样做对"是科学，"怎样做好"是艺术。倡导课堂建模就是让教学首先要"做对"。

在推进深度课改的今天，我期待课堂改革的新常态是让课堂从艺术走向科学。课堂既是科学也是艺术，早已是常识。但我们往往太热衷于追求课堂的艺术，以至于在通往课堂艺术的旅程中有意无意地忽略了对课堂科学层面的研究。艺术往往是不讲究标准的，是张扬个性的，而科学则是讲究标准的，是可复制的；艺术往往是少数人的专利，而科学是属于多数人的。

让课堂从艺术走向科学，就是要学会在课堂教学中向科学要效益。我认为，至少可以关注如下四个方面。

一是使用科学的课堂结构。我们常说，结构决定功能，有什么样的课堂结构就会有什么样的课堂效益。客观地说，近年来诸如山东杜郎口中学"三三六课堂"、上海张人利的后"茶馆式"教学、山西新绛中学的"半天授课制"等课堂改革经验都是享受课堂结构调整"红利"的结果。正所谓，课堂原本很简单，结构一变天地宽。要通过课堂结构的调整，让课堂更简约、更科学，让新的课堂结构真正体现"先学后教，少教多学"，真正保障学生自主学习的权利。

二是像拥抱新理念一样拥抱信息技术。信息技术之于教学，一直存在"技术制胜论"和"技术无用论"之争。当课堂从"黑板时代"进入"白板时代"，当微课来袭，当信息越来越开放，当我们都身处新技术的包围之中，你不得不面对并拥抱新技术。技术可以重塑课堂，甚至可以改变课堂存在的形式。过去，课堂改革的第一道障碍是信息不对称。在互联网环境下，微课和翻转课堂这些新技术、新形态天然地解决了课堂上信息不对称的问题。在这样的背景下，教师将面临新一轮的技术大考。您准备好了吗？

三是把"学习学"升级为一项重要课题。有人说，教育难主要是因为学习难，遗憾的是，我们乐于研究"教"，而很少研究"学"。"教"和"学"是一对天然存在且很难调和的矛盾，过于关注教师的"教"，就有可能弱化关注学生的"学"。学习是一门科学，我们理念上苦苦追求的因材施教，在实践中常常被简单化为"一刀切"，其中很重要的原因就在于，我们对学生学习规律和特点的研究不够，至少在研究"如何教"上投入的精力远远多于在研究"如何学"上的精力。那么，如何整合心理学、脑科学等跨学科知识建构起丰富的"学习学"，成为未来课堂改革的应有之义。

四是把研究学生作为专业发展的第一课程。在孩子的世界里，他们有 100 种语言、100 种方式来表达自己，可是，作为教师，我们真的能读懂孩子吗？能读懂孩子某个行为背后的情绪表达吗？就像我们过于关注"教"而忽略"学"一样，我们是否缺少对学生的研究？我们是否过于关注学生吃什么可以更营养、更健康，而缺少怎么让学生愿意吃的研究？当我们蹲下身来，真正像科学家一样去研究孩子，真正懂孩子时，我们的教学就自然从科学走向了艺术。

教育教学是"知"的科学，"行"的艺术。让课堂从艺术走向科学，不是远离艺术、排斥艺术，而是敬畏艺术、追求艺术。其实，科学求真，艺术求美，科学和艺术原本就是课堂的正反两面，是和谐的统一体。如果需要强调的话，我所看重的教学艺术只有一点，那就是真实。真实是最强大的力量，可以让学生亲其师、敬其师，可以对抗所有的技巧。

杜郎口中学的浪漫与初心

原江苏省教科所所长成尚荣曾表达过这样一个观点："几乎农村初中课堂教学改革的经验，都极大地冲击着陈旧的课堂教学结构和秩序，有了一种突破。"我想成尚荣先生所说的农村初中的改革经验中一定包括山东杜郎口中学，因为这所农村中学早已成为中国基础教育课堂教学改革的"注意力中心"。

杜郎口的火，偶然中有必然；杜郎口的火，并不代表她的完美。实际上，她的缺点、短板、遗憾与硬伤，与她的优点、贡献和魅力一样多，一样真实地存在，但这并不妨碍我们认识并读懂杜郎口的核心价值。

杜郎口中学知名度的提升是与各种争议相伴而生的。在整个舆论环境里，有人追随杜郎口，有人消费杜郎口，有人研究杜郎口，有人力挺杜郎口，也有人批判杜郎口。在我看来，任何一所名校创造的经验都值得学习和研究，就一线教育实践者而言，"一盎司的经验远胜过一吨的理论"。

谈到杜郎口，人们首先想到的是与众不同的课堂样态，其显性特征是：教室里拆掉了讲台，四面都是黑板，学生或围坐在一起讨论，或在黑板上用不同颜色的粉笔板书，或走到聚焦点处踊跃展示；而老师或在一旁认真倾听学生讲解，或淹没在学生的讨论中。有人说身处这样的课堂就像走进了"菜市场"，也有人将其诗意地概括为"知识的超市，生命的狂欢"。也许杜郎口的浪漫就在于她开启了这一全新的课堂样态。

杜郎口的浪漫也在于课堂结构的大尺度调整。尽管杜郎口的课堂有"三三六"，有"10+35"，甚至还有"0+45"等这样的数字表达，但并不意味着杜郎口的课堂改革是有公式的。后来他们又尝试"无师课堂"，有好事者把"无师课堂"定义为噱头，认为"无师课堂"无视教师的作用，是对教学改革的误导。其实，"无师课堂"就是"0+45"的另一种说法而已，"无师课堂"旨在尝试进一步还权于学生，放大学生"学习"的作用。所谓"把教降到最低，把学无限放大"，杜郎口中学"无师课堂"的尝试正是对这一理念的践行。

杜郎口的浪漫也在于崔其升校长口中的故事。崔校长的报告通常涉及两个主题，一个是讲述杜郎口人认真负责、把工作做到极致的故事，比如学历不高和资历不老，却内心纯净、善待学生的张代英，比如任劳任怨，从一个体育老师走上副校长岗位的李守明；另一个是不厌其烦地谈做人，谈人心，谈修身。似乎务虚多，谈技术少。但实际上，这正是崔其升做校长、搞改革最重要的心得。他知道，人，才是改革最大的资本。他常说：管理不是出台制度，而是"校长的人品"，校长如何做人，决定了一所学校的风气、面貌与高度。"人对了，事情就不会错。"我深以为然。

当然，杜郎口的浪漫还在于"唱衰"她的声音虽然一直都在，但杜郎口就在那里。有人说，杜郎口是媒体吹起来的肥皂泡。奇怪的是，20多年过去了，这个肥皂泡始终没有破灭。她既没有轰然坍塌，也没有被遗忘，相反，她的发展一如既往，早已成为课堂教学改革值得参考的一个重要样本。杜郎口用时间证明了那些写着酸葡萄心理的言论才是真正的肥皂泡。其实，换一个角度看，那些乐此不疲地妖魔化杜郎口的人，也是杜郎口现象的推动者。

　　崔其升退休后，副校长张代英接任校长。这可能是对杜郎口经验最大的保护。公办学校有很多天然的优势，但其中一个发展的"致命伤"，是前任校长创造的经验往往不被新任校长所传承，新任校长都热衷于另起炉灶，改革因此常常陷入从头再来的循环。张代英 27 岁担任副校长，杜郎口的经验一直携带着她的热情与付出。张代英接过杜郎口发展的接力棒，让杜郎口经验的可持续发展成为可能。如今，"双减"背景下的杜郎口中学在课堂提质增效上已经再次上路，并且在当地教育行政部门的支持下，杜郎口中学又增设了高中。我想，当一所学校可以在每一任校长手上都不断续写发展的时候，这注定是她最大的浪漫。

　　但是杜郎口的浪漫只能成就杜郎口，让一所农村中学的改革引领全国农村学校的发展，杜郎口无法承受其重。毕竟这么多年基础教育领域涌现出的学校改革典型层出不穷，但学校教育并未真正走出困境。

　　再次回看杜郎口的初心，她的初心就是为了摆脱困境。杜郎口只是众多乡镇中学群体中的一员，其他学校所面临的困境，她一样存在。一所薄弱学校的改革通常是其所遭遇的一切问题和经验探索的综合。今天，关于杜郎口和以杜郎口为代表的课改典型，社会和媒体关注得还远远不够，只有这样有热情投身改革的学校越来越多，学校教育的集体繁荣才有可能实现。

我们对高效课堂有多少误解

这是一个最好的时代，也是一个最坏的时代。

这句话看似矛盾的背后却有太多耐人寻味的隐喻。教育正处在大变革的前夜，几乎每天都有新的经验诞生，每隔一段时间都会有改革的典型走进公众视野，以至于让一线教师有"乱花渐欲迷人眼"之惑。教育没有多少理念可以拿来创新，也没有多少常识可以用来突破，更多的时候，教育需要做的是，通过重读让那些历久而弥新的常识得以捍卫。

循着这样的思考，我们来重读"高效课堂"，重读高效课堂背后的常识。

先来描述两种论调，这可能是时下颇有市场的关于高效课堂的质疑声音。

论调一：我认同高效课堂倡导的理念，但我反对模式。课堂怎么能用同一个模式来框定呢？俗话说，教学有法，教无定法嘛！

论调二："无师课堂"是对教师的不尊重，课堂怎能无师？课堂无论怎么改革，教师的作用都不能抹杀！

这样的质疑显然低估了高效课堂倡导者和实践者的智商。谁不知道用同一个模式套在所有的课堂上是肤浅的，谁又会简单地将教师置于学生的对立面，去否定教师的作用呢？

我一直认为，高效课堂的一个重要贡献就是为课堂改革提供了一种"建模思维"。好的课堂与好的教师都需要通过建模来呈现真实的样态。每一位教师都需要通过不断建模、破模、再建模的过程来实现专业素养的提升。建立模式不是目的，真正的目的是更好地承载和落实自己认同的理念。

与其说高效课堂倡导模式，不如说高效课堂倡导建模思维。高效课堂通过强调课堂建模让课堂有模可依，让教学从艺术走向科学。艺术讲求张扬个性，是没有统一标准的，而科学则要追求标准，讲求规律背后的规范；如果说艺术是属于少数人的专利，而科学则属于大多数人。当教学指向艺术的时候，就被蒙上了神秘的色彩，高效课堂的建模思维无疑打破了课堂教学的神秘感。所以，那些关于高效课堂模式化的批判者，与高效课堂实践者谈论的不是处于同一频道的"模式"。

而对"无师课堂"的批判同样缺乏必要的认知基础。"无师课堂"不是简单的"去教师化"，也不是反对教师教。"无师课堂"的另外一个名字其实就叫"自习课"。提出"无师课堂"，意在让更多的教师明白，学生离开教师一厢情愿的讲授，依然可以有学习发生，并且依然可以学会；提出"无师课堂"，意在让学生有更多的自主学习的时间，让"自习课"与语文、数学等学科处于同等重要地位。

所以，"无师课堂"不是对教师作用的弱化，相反，恰恰是对教师的尊重，并且给教师提出了更大的挑战。课上无师，课下有师，让教师真正成为学生学习的资源提供者和解惑者，而非知识的讲授者。

高效课堂的实践者需要反思的是，高效课堂是不是的确有模式化的现象？高效课堂是否依然停留在享受模式红利的层面？教师的作用是否有被弱化的倾向？只有不断反思，不断自我否定，高效课堂才能走得更远。

真正的改革总是不断暴露问题的，而改革何尝不是在发现问题和解决问题中向前深化的呢？

比如，课堂制度创新的优势是否已经用到了极致？制度创新之外，教师还可以做什么？把学习权还给学生之后，教师还需要怎样来促进学生深度学习的发生？要建构高效课堂"学习学"，可以借助哪些工具？从碎片化学习到整体性学习，教师和学生要克服哪些障碍？

比如，当展示成为一种重要的学习方式和课堂文化后，师生之间、生生之间的倾听就成为比展示更重要的一种能力和习惯。我们需要警惕课堂过度展示的现象，处理好展示与倾听两种学习方式的关系。

比如，当小组合作学习成为一种常态后，我们需要思考：小组学习等于合作学习吗？小组到底几个人更合适？小组如何从服务于学习走向服务于做事？固定的小组有利于合作，还是动态变化的小组更有利于合作？

比如，高效课堂背景下教师的专业成长向何处去？教师必备的专业素养结构如何划分？未来还会有更多的课堂范式出现，我们究竟要摒弃什么，又要守住哪些不变的东西？

…………

这些问题，在高效课堂走进深水区后，我们需要重新审视。

理想与现实、理论与实践之间总是有差距的。所以，人们对高效课堂难免存在误读，难免存在盲人摸象的现象，但这些都不重要，重要的是，有一群人始终在孜孜以求地实践。只有指向实践的改革才是真实的改革，才是有生命力的改革。

高效课堂不是流派，它是众多一线实践者和研究者集体智慧的结晶。真正的课堂改革不能陷入流派之争，真正优秀的教师，其课堂风格也不应该以形成某个流派而终结。高效课堂的实践者在坚持道路自信的同时，更需要有兼容并蓄、集百家之长的精神，如此，高效课堂才可能不断发展、不断优化、不断完善。

教学模式不能止于从 1 到 N 的低层次复制

多年以来，关于教学模式的争论屡见报端。那么，教学模式与教学艺术孰优孰劣？今天依然是一个"仁者见仁，智者见智"的问题。如果放在复杂性理论框架中回答，结果一定是二者不分伯仲，毕竟它们都有其独特的存在价值。正像科学与艺术在山麓分手，最终在山顶会合一样，教学建模与教学艺术不是互斥的，建构教学模式是走向教学艺术的奠基石。

如果梳理课改 20 余年那些促进教学改革的关键词，"建模"一词一定是绕不过去的。在具体的课改实践中，教学流程需要建模，合作学习需要建模，课堂评价需要建模，教材内容解读也需要建模。建模是一个系统，既有"教什么"的建模，也有"怎么教"的建模；既需要通用教学程序的建模，也需要不同学科的个性建模。

人们处在不同的改革阶段，对模式价值的认识也往往不同。早在 10 多年前，就有人力挺模式，也有人反对模式，但是课改人必须理性认识模式的价值。对教学模式的研究是解放教学生产力的重要途径。教学建模是认识教学复杂性的通道。建模就是把复杂的工作科学化、简单化的过程。教学建模看似是一种对教学的简化，但其实质是建立在对教学的深度理解和对具体学情深刻把握基础之上的。模式不是我们理解教学的终点，恰恰相反，它是我们审视教学复杂性的一个关键起点。

有人对模式的解释是，某种事物的标准形式或使人可以照着做的标准样式。也有人说，模式是可复制、可拷贝的。模式的价值就在于让80%的人在80%的情况下做到80分。其实，大凡那些优秀的教师通常是善于建模的人。一旦将日复一日、月复一月、年复一年的工作建立起一种相对科学的模式，就意味着效率的提高，意味着生产力的提升。

按照皮亚杰的发生认识论来解释，科学认识是建构的产物。建构构成结构，结构对认识起着中介作用。结构不断地建构，从比较简单的结构到更为复杂的结构，其建构过程依赖于主体的不断活动。

对青年教师而言，他们更需要树立建模意识，要善于借鉴模型、建立模型、解释模型、使用模型，做优质模型的收集者。青年教师通常处于教学的学习期和摸索期。有人给出的建议是，学习一个新经验，初期可以通过临摹"僵化地学"，然后再根据具体情况"优化地改"，即先建构相同，再生长不同。但是现实中，总会有一些学校在"照搬"教学模式过程中出现水土不服的现象。这背后的原因是复杂的，这至少告诉我们两个真相：一是模式不是万能的，"适合的才是最好的"。记得福建名师何捷曾说过，"教学模式本身不存在优劣，也不是大家所想的新的就是好的，旧的、传统的就是不好的，真相是——只要是适合的，就是好的"。二是照搬模式的原因可能是对模式的认识还不够。

没有一成不变的改革，改革都是不断纠偏的结果，建模何尝不是如此，我们需要建立模式但不能止于模式。今天已经进入了"经验的黄昏时代"，经验在成就你的同时也可能在束缚着你。一切都在不断迭代升级当中，不断迭代才有未来，才有更多可能。

今天来看，不同模式之间早已开始相互渗透。我所了解的上海市静安区教育学院附属学校校长张人利提出的后"茶馆式"教学就是这样不断迭代的开放教学模式。这个曾荣获首届基础教育国家级教学成果奖一等奖的成功经验，在"读读、议议、练练、讲讲"模式基础上，又植入了"书中学""做中学"方式并举策略、学生先学引导性策略、学生自己学最大化策略等八大策略，并引入信息技术，让教学手段更加现代。张人利校长自己也说，后"茶馆式"教学是站在他人肩膀上逐步发展起来的。

今天模式林立的课堂改革，一方面彰显了课改的活跃与繁荣，另一方面也暴露了课改的浮躁与肤浅。客观地说，当前课改正在遭遇模式的天花板。进入深水区的课改需要的是从 0 到 1 的模式创生，不是从 1 到 N 的低层次的模式复制。

当课堂形变之后，质变如何变

讲授式教学是传统课堂中最常见、最经济的教学方法，却可能是最值得反思的教学。

高效课堂就是与那些迷恋讲授的课堂说再见，与看不见学生真实学习的课堂说再见。高效课堂的核心理念是让课堂向"学"而生，让学生成为课堂的主人、学习的主人。

但是，因为习惯使然，高效课堂的理想样态并未真正建立。以教师讲授为主的课堂依然普遍存在；从改进"教"到优化"学"的精力分配仍表现为失衡状态；基于学习方式的重建还远远没有完成；合作学习依然是解决问题的多，探究问题的少；学生作为课堂的主人，其一系列权利还面临着来自教师权威和课堂制度的威胁……

脱胎于山东杜郎口中学的高效课堂是行动研究的结果。作为在课改田野里成长起来的携带着泥土气息的课改成果，高效课堂受到了越来越多一线教师的关注。然而，当高效课堂理念日益深入人心的时候，也可能正面临着理念的泛化甚至异化的危险。所以，关于理念的再认识和实践的再出发，就显得尤为重要。

高效课堂再出发，旨在突破高原现象，向改革更深处漫溯，从改变课堂样态到改善课堂生态，从改变教与学的关系到改善师与生的关系，从激发学生学习的兴趣到支持学生科学地学、简单地学；再出发，旨在向着"互联网+"、向着多元化学习，向着"学习学"的构建迈进，让课堂真正进入"自学习"时代，让个性化学习成为可能，让创造性学习成为可能。

高效课堂再出发，需要进行一次基于高效课堂实践的反思性追问——

当模式的红利用尽之后，向深处走？当课堂形变之后，质变如何变？

哪些是需要做，但是依然被忽略的？

哪些是应该做到的，但还没能做到的？

哪些是已经做了，但还需要深化做的？

哪些是已经做了，但可能过度重视的？

高效课堂再出发，不仅需要正视问题，也需要重新认识高效课堂的理念系统。高效课堂追求的样态有一个诗意的描述——"知识的超市，生命的狂欢"。这是高效课堂的重要推动者李炳亭先生的凝练表达。所谓超市，即基于学情实施个性化的分层分类学习，是对学生主体地位和学习基础的尊重，体现的是课堂教学的差异性、选择性。所谓狂欢，指的是学生的学习状态，是身体、情感、思维、意志的全息参与，意味着学习的高峰体验。高效课堂的16字灵魂是"相信学生、解放学生、利用学生、发展学生"：相信学生是教师的最美师德，秉持高效课堂理念的教师要相信"相信的力量"；解放学生是使命，要解放学生的嘴巴、双手和大脑，即解放学生的学习力；利用学生是智慧，这里的利用不是将学生作为工具来利用，而是将其作为课堂上的第一资源来开发；发展学生是目的，重在发展学生的关键能力与必备品格。

从这些理念出发，结合业界专家的智慧我草拟了高效课堂践行者在课堂上的8条约定。约定是一种提醒，是一种承诺，也是一种追求。高效课堂再出发，请从遵循这8条课堂约定开始。

第一，想学是学习的起点。作为教师，首先要做的不是传道、授业、解惑，而是点燃、激励、启蒙。一个无视学生情绪和情感的教师就是在蒙着眼睛上课。

第二，问，乃好课之根。课堂是解决问题的地方，更是发现问题的地方。如果我的学生没有问题，则意味着学习还没有真正发生。

第三，学习最大的敌人是包办。学习始终是学生的事，我所能做的，只能是助学，而不是替学。

第四，错误是最大的学习资源。我当时刻铭记：成长在错误发生时。对于学习而言，展示错误比展示正确贡献更大。我要做的工作就是发现错误、利用错误、善待错误。

第五，如果学生还没有充分展示，我的点拨就不能开始。

第六，生不必不如师，师不必高于生。我要承认有许多知识我不懂，并坦然接受学生的挑战。在课堂上，示弱是一种勇气，也是一种智慧。我要做"为学生鼓掌的人"。

第七，我不迷信顺畅的课堂。如果课堂上没有"意料之外"，没有"旁逸斜出"，则说明课堂存在预设过度现象。

第八，没有反思则没有成长。我当时刻反思：哪些语言限制了学生的思维？哪些行为影响了学生的精神成长？我当时刻铭记：好课堂里出故事，好课堂里出性格，好课堂里出精神，好课堂里出素养。

当我们跳出课堂之外

有时候，从某一件事情中抽身出来，是为了更好地深入。这样可以站在事情的外部，看到不一样的景致。比如，课改已步入深水区，有时候，跳出课改看课改，跳出课堂看课改，跳出技术看课改，你会发现不一样的课改视域。比如，当我们在强调教师少讲时，不是让你研究讲 5 分钟还是讲 10 分钟哪个更科学，而是让你去倾听学生、发现学生、尊重学生，是为了确保学生学习权利的实现。当你习惯了"少讲"，又能跳出"少讲"看课堂时，会发现"目中有人"比"少讲"本身更重要。

一旦忘记了关注学生的生命状态，忽略了学生独立人格成长的精神观照，只是简单地复制课堂技术本身，可能会带来更大的伤害。在课堂技术探索的路上走得久了，就需要跳出来回看一下当初出发的目的。

跳出课堂看课堂，就是要警惕陷入技术的泥潭，警惕课堂改革赢得了分数却牺牲了学生的兴趣、天性，甚至独立的人格。课堂是如此重要，几乎承载了全部的育人功能。教育要培养的诸多素养都需要在日复一日、年复一年的课堂上完成。如果说课堂在教育的最中央，那么，学生则一定在课堂的最中央。所以，我想表达的观点是，"课改的最后一公里是改课"。只有在改课上下足功夫，在课堂上寻找人的完整成长的可能性，教育才有更多的可能性。

跳出课堂看课堂，你会发现，教师的责任不在于上好课，而在于确保学生学习权利的实现。教师从讲到不讲，意味着学生学习环境的变化。过去的课堂上，有太多的制度在强化教师讲授的环境，而教师的过度讲授势必影响学生学习权利的顺利实现。有人说，表达的思维高于听的思维。当课堂上教师赋予了学生充分的表达权利，并且建立起人人可以表达的机制，那么，这样的课堂势必衍生出更多有意义的副产品。

如果教师始终在课堂上行使制度化权力，如果教师的眼中所关注的只是集体的人，只是群体而非个体，那么尊重学生将变得很难，更可怕的是，"不尊重"很可能会成为一种无意识。

如果跳出课改看课改的话，课改不是讲和不讲的问题，不是导学案编写的问题，也不是小组4个人还是6个人的问题，而是一场基于"民主与尊重"的教育生活的重建。

改革往往是与开放联系在一起的，开放是改革的前提。课改也一样。今天的课堂改革，首先要凸显"开放"精神，开放的课堂才有自由，自由的课堂才可能衍生自主，只有课堂上享受到了充分的自主，课堂之外的生活才能更自主。而自主从来不是标榜出来的，是体验出来的、经历出来的。

跳出课堂看课堂，教师就需要进行权力瘦身，然后对课堂教学进行"股份制"改造，从教师"独资"文化走向"合伙人"制度，让教师成为"学生型教师"，让学生成为"教师型学生"。学生应该是最值得信赖的课改伙伴。学生不是课堂教学改革的对象，而是课堂教学改革的主角之一，许多时候，学生是课堂教学改革的推动者。课改的大幕一旦开启，学生往往会比教师更容易接纳新事物、新理念，更容易成为改革的推动者。我们看到过太多学生被唤醒后倒逼教师课改的案例。所以，请真正将学生拉进课堂的教学世界，成为课堂教学的合伙人。你的权力下放力度有多大，学生的活力就有多大，成长的空间就有多大，给教育带来的惊喜就有多大。

河南省洛阳市西工区近年来践行的"心课堂"理念，确立了"四不怕"课堂文化，即不怕老师，因为老师是亲人；不怕同学，因为同学是伙伴；不怕教室，因为教室是第二个家；不怕学习，因为学习就是生活。当课堂上生长出"四不怕"文化时，当课堂面向学生真正有效开放时，我们看到的一定不是集体失语，一定不是哑口无言，一定不是千人一面的标准答案，也一定不是以"听话"为核心的课堂生态。

跳出课堂看课堂，能看出更多别样的景致，能看出不一样的好课堂。

以减法思维重塑教学，绕不过去的追问是：教师讲授的时间是不是可以减少？哪些问题可以不提？哪些错误可以不予回应？哪些教学目标可以删除？

也许今天的课堂太过关注课堂技术的创新了，以至于我们的课堂上教育的底色显得有些暗淡；也许我们的实践者太过功利了，以至于始终坐享"模式红利"，沦为课堂技术的精致追求者。

"创课型教师"要做点灯人，要为学生提供更多的知识线索，延伸学生的学习视野，让他们精神有光、灵魂丰满、思想独立，进而帮助学生发现生命和生活的意义，这样的教师也被称为"师父型"的老师。

重建课是一场自己与自己的同课异构。同课异构重在"异"，难在"构"，往往因为专家的参与，你会遇见更精准的目标叙写、更深刻的反思、更细微的学习观察，这一切将让重建课变得更有研究味和方向感。

"教与学"不能陷入简单的"二元对立"中，教与学还应有第三种关系，那就是去中心化的，摆脱教中心与学中心的窠臼，走向一种不断纠偏的课堂状态。

"动起来"的课堂才有生机；"动起来"的课堂，才会有身体的舒展，而身体舒展是生命舒展的重要前提；"动起来"的课堂，才可能突破教师单向灌输的课堂结构；"动起来"的课堂，才能确保学生学习的实现；"动起来"的课堂，每节课才可能有脑洞大开的感觉。

对于那些习惯性不相信学生，又不善于利用和发动学生的教师而言，所谓对教材和知识点的精准把握，在具体的教学中所发挥的效益就会大打折扣。

教师在课堂上不仅要有内容意识，更要有研究学生的意识，要善于在课堂上研究学生："你能否从学生的眼睛里读出愿望？你能否听出学生回答中的创造？你能否觉察出学生细微的进步和变化？你能否让学生自己明白错误？你能否让学生的争论擦出思维的火花？你能否使学生在课堂上学会合作，感受和谐的欢愉、发现的惊喜？"

拯救课堂不仅要关注更高的可视化的效率和质量，更重要的是救赎那些看不见的元素，比如好奇心、展示欲、质疑精神和民主意识。

教育教学是"知"的科学，"行"的艺术。让课堂从艺术走向科学，不是远离艺术、排斥艺术，而是敬畏艺术、追求艺术。

当一所学校可以在每一任校长手上都不断续写发展的时候，这注定是她最大的浪漫。

高效课堂不是流派，它是众多一线实践者和研究者集体智慧的结晶。真正的课堂改革不能陷入流派之争，真正优秀的教师，其课堂风格也不应该以形成某个流派而终结。

模式不是我们理解教学的终点，恰恰相反，它是我们审视教学复杂性的一个关键起点。

讲授式教学是传统课堂中最常见、最经济的教学方法，但却可能是最值得反思的教学。

跳出课堂看课堂，教师就需要进行权力瘦身，然后对课堂教学进行"股份制"改造，从教师"独资"文化走向"合伙人"制度，让教师成为"学生型教师"，让学生成为"教师型学生"。

让同学成为同学

RANG TONGXUE CHENGWEI TONGXUE

独学而无友，则孤陋而寡闻。发生在真实情境中的学习从来没有捷径，除非身边的同学互为捷径。同学在合作中学习不只是解决学习的问题，更重要的是解决关系的问题。这就意味着课堂上不仅要通过"学习合作"来进一步深化"合作学习"，还要处理好"我在感"与"共在感"的关系，进而建设一个旨在保障高品质学习权的"学习共同体"。

从痛点再出发的合作学习新样态

全国中小学课堂改革风向标年度论坛是《中国教师报》发起的品牌活动之一。自 2011 年起，《中国教师报》每年邀请课改专家在报纸上发布对新一年课堂改革的年度预判。从 2017 年开始，《中国教师报》发起了全国中小学课堂改革风向标年度论坛，将年度预判从报纸上的笔谈延伸到线下的对谈，通过更接地气的主旨演讲、好课展示、主题沙龙等形式，进一步做好课堂教学改革的专业引领。

2018 年 5 月 26 日，全国中小学课堂改革风向标年度论坛在山东潍坊举行，本次论坛再次关注"合作学习新样态"。日本教育学者佐藤学曾指出，我们应当追求的不是"发言热闹的课堂"，而是"用心相互倾听的课堂"。这为我们关注合作学习新样态提供了一个话题背景。当合作学习成为课改背景下的课堂新常态时，如何正确认识、理解与实践合作学习，如何规避合作学习中暴露的问题显得尤为迫切。

我们也发现，合作学习不是学生围坐在一起就有合作，也不是合作了就有学习，而是有学习上的困惑和需求时，合作才会自然发生。合作学习有一个重要前提，就是学生可以安心地说出"我不懂"。因为不懂，求助他人才成为需要，合作学习才可能成为一种主动自觉的行为。

围绕"合作学习新样态",本次论坛特别聚焦"让表达促进学习,让倾听润泽课堂"这一主题,与会专家深度解析了课堂上"表达"与"倾听"的二元关系,直击合作学习中的痛点,指出了合作学习中存在的过度合作、虚假合作、功利化合作以及"被合作"等伪合作现象,提出了合作学习新样态要追求的方向和目标。

很多时候,人不是被唤醒的,而是痛醒的。如何循着已经感知到的合作学习的痛点再出发,走向更健康的合作学习?如何让合作学习更好地促进深度学习的发生?当核心素养时代来临,如何让学生在合作学习中习得更多素养?本次论坛最终达成了如下共识:

第一,课堂改革进入下半场,要从单项改革走向综合改革,从碎片化教学走向整体化教学,从粗放式改革走向精细化改革。合作学习需要匹配哪些技术,需要兼顾哪些细节,需要跳出哪些误区,是合作学习走向深水区要关注的重要议题。

第二,合作学习越走向深水区,被痛点围困的局面越突出。精准地描述痛点,才可能发现改进的空间和努力的方向。所以,感知痛点、描述痛点、善待痛点,是合作学习走向更深处的逻辑起点。

第三,合作学习暴露了诸多痛点:合作学习不是"少数人的狂欢,多数人的陪坐",只有"高参与"的合作才可能有"高质量"的合作;合作学习不是单向灌输,不是优生帮带弱生,合作学习中存在的这种"搭便车"现象和"兵教兵"现象,都可能让学生产生对同伴的依赖。与此同时,当合作学习中问题的开放性和挑战性不够、倾听不够时,就可能产生合作学习中的虚假繁荣。因此,对合作学习中的诸多司空见惯和习以为常保持必要的怀疑和反思,合作学习才能健康发展。

第四,合作学习是水,项目式学习、深度学习、翻转课堂等是鱼,就像鱼儿离不开水一样,未来的课堂教学改革离不开合作学习。随着改革的深入,合作学习也需要不断迭代升级。合作学习新样态就是指向有方法的自主学习、有准备的交流讨论、有反思的倾听表达，以及基于需要的友善协同。

第五，合作学习新样态意味着"上游思维"的参与。合作学习的上游是独立学习，独学不充分则合作难有碰撞与生成，合作学习要"以独立之心，做合作之事，以独学之基，促精彩生产"；合作学习的前提是知道如何合作，因此合作学习要从学习合作技能开始；合作不仅仅是为了解决问题，有时候合作解决问题与通过合作发现新问题同等重要。

第六，合作学习新样态意味着"倾听大于表达"。有人说，最会学习的学生是最会倾听的学生。合作学习新样态既要重视表达，又要重视倾听，要让表达促进学习，让倾听润泽课堂。表达是思维的结果，倾听是互学的基础。但很多时候，合作学习中的表达过度，倾听却不足。实际上，倾听比表达更难做到，因为倾听不仅需要用耳朵听，还需要放下偏见"用心听"，需要空杯心态"谦卑听"。

第七，合作学习新样态意味着合作开放度的增加。合作学习的方式是多元的，有多种合作策略，基于不同目的、不同内容、不同学情需要选择不同的合作策略。所以，合作学习方式和策略的最优化选择是新时代教师在教学中应具备的一种重要素养。

第八，学习就是经历事实，并从事实中提出体现学科性质的问题，这比熟记一堆知识更有意义。合作学习需要借助多样的思维工具、学习工具来发现问题、提出问题，从而提升合作的效率和深度。教学不是看教了学生什么，而是看发展了学生什么，尤其是看是否发展了学生的思维。教学主要不是教一个个知识点，而是教知识点上的思维点。因此，基于合作学习的教学设计，要逐步走向"可以让学习真实发生，让思维看得见"的学习设计。

合作学习意识再次觉醒的 6 个细节

从"教中心"到"学中心",再到"去中心化",课堂一直走在不断变化、不断改革的路上。其实,改革原本就是一个不断纠偏的过程。那些在改革初期确定的方针、方案、方法,随着改革的深化,可能就成了障碍,就需要调整、改进、优化。

课堂改革也一样,不断纠偏的课堂才是课改的常态。譬如,在课改最初的几年里,不少专家倡导要让学生在课堂上动起来,动起来的课堂才是释放思维张力和生命活力的课堂。那个时候,这一倡导一定是基于过去在教师的强势引领下学生太过安静的现象提出的。可是,随着时间的推移,有人开始批判课堂的"满堂动"现象了,似乎再谈"让学生动起来"就有犯错误的感觉,当初那些代表着最先进的教学生产力的方法似乎开始落伍了。

如果将这样的课堂现象放置在一个更长的时间段内去考量,所谓的困惑就会自然消解。这正是一个不断纠偏的过程。课堂始终处在纠偏的过程中,才可能趋于平衡,走向理想那方。

台北教育大学校长张新仁在山东淄博的一次演讲中谈道:合作学习是"水"。核心素养背景下,课改大家族里的很多成果的落地都离不开合作学习之水。审视当下的课堂改革时我们会发现，新课堂整体呈现出了两大典型特征：一是合作学习，一是说的解放。无合作不学习，无表达不学习，早已成为共识。但是伴随着合作学习在课堂上的泛化，有一些合作学习的行为已经陷入了误区。这需要合作学习意识的再次觉醒，需要在具体实践中的行为纠偏。在此，我梳理了如下6个细节。

从固定小组到动态小组。小组学习不一定是合作学习，有时候，小组成员围坐在一起，却没有真正的合作和协同。小组作为一个学习组织，其凝聚组员的最大公约数是团队的共同需求。需求相同，目标才可能一致。但是，你发现了吗？教师基于差异而确定的小组一直固定不变，长此以往，会出现审美疲劳，甚至会产生观点的同质化现象。小组到底因何而建？一定是因需求而组建，学生基于共同的需求而走在一起，那么，这个小组就是一个"自组织"。

从共识到我见。小组合作是为了达成共识吗？也许在达成共识之外，还有一个更重要的目的，就是汇集不同的意见。小组中的每一个学生都可以谈出自己的"一己之见"，才更有利于问题解决，才是更真实的学习。我们也发现，小组合作中为了尽快达成共识，一些优秀学生过早地表达自己的观点，当那些后进学生听到了正确的答案，也就不再独立思考，自然让渡了表达见解的权利。小组讨论从关注达成共识到发现不同，听到不同的声音，标志着真实讨论的发生，否则，只有灌输与接受，就失去了讨论的意义。

从学会说到学会问。问题是做学问的标配，会问是会学习的标配。课堂应该是问题的集散地。当课堂完成了说的解放之后，要让学生学会提出问题，因为问题才是学习的起点，让问题为学习赋能，用来自学生的问题推进课堂进程。提出一个问题比解决一个问题更重要。这句话的新解是，人通常是在问题解决中习得素养的，但解决问题的根本目的不是消除问题，而是发现并提出新的问题。

从展示到分享。课堂改革初期，展示成为一种重要的学习方式，课堂上往往通过放大展示来拉动学生学习的动力。展示可以滋生自信，展示可以强化学习。但是，你发现了吗？展示往往都是已知的内容，展示前往往要做精心准备，所以，展示往往精彩而唯美。主张从展示走向分享，则是倡导更真实的学习，是要分享问题，分享思考，分享想法，而非展示答案；分享注重的是生成的内容，而表达的则是动态思考的内容，这样的内容可能是不成熟的，是粗糙的，但它是没有经过准备的，是更真实学习的体现。"越是基于真实的表达，越是粗糙的。"

从表达到倾听。也许是我们太过重视学生的表达了，太在乎学生说了什么，以至于课堂上学生为了表达自己的观点都会争先恐后高高举起小手。但是，你发现了吗？不少学生已经习惯于不去倾听别人说了什么，而只关注自己要表达什么。倾听是一种美德，更是一种学习方式。说之前重要的是听。只有听清楚别人说了什么，说得是否完整、是否准确，才能有针对性地给出回应。

从说出会的到说出不会的。好的课堂是学生不仅可以说出自己懂的，说出正确的理解，还可以大胆地说出自己不会的、自己理解错误的内容。台湾教师李玉贵多次到日本访学，她曾谈到过一个现象，日本的课堂上，站在黑板前展示的学生往往是那些不懂的学生，而我们的课堂上却恰恰相反，机会多属于那些懂的学生。课堂是发现问题、解决问题的地方，而非展示正确的地方。某种程度上说人是在挫折、困难和错误中成长的，学习也一样。从说出会的到说出不会的，意味着教学理念的跃升。

课堂是"练习习惯"的地方

许多时候，课堂上的李玉贵更像是一个孩子。

她的表达方式、她的神情举止都可以与课堂上的孩子天然地进行连接。这或许正是一位优秀教师的独特魅力。

曾经多次聆听台湾教师李玉贵的课，这一次她执教的是《蝙蝠和雷达》。没有激情导入，没有豪言壮语，也没有太多的"告诉"，不疾不徐，张弛有度。一堂课下来，最大的感受是"安静"二字，那是静悄悄的课堂张力，一如平稳流淌的河水。

"教师说话的声音、说话的时机、说话的权利都要后退。"这是李玉贵的主张。在培训现场执教的长达两个小时的《蝙蝠和雷达》研究课上，李玉贵将这一主张演绎得淋漓尽致，用不一样的声音诠释了她独特的课堂文化，更重要的是，反衬出了我们曾经津津乐道的"满堂动""满堂说"的课堂上可能存在严重的声音污染。

李玉贵没有刻意追求课堂的精彩，而是试图进入学生的世界，使学生充分暴露自己的思考轨迹，呈现出他们最真实的学习状态。

课一开始，李玉贵的指令是请学生阅读文本。读完课文，李玉贵说："没有问题的同学请举手。"话音刚落，学生中竟然有不少人高高地举起了小手。台下观摩的教师显然为学生也为上课的教师捏了把汗。

"既然有这么多孩子没有问题，那么，这堂课我们就从练习如何有问题开始。"这个时候作为教师的作用出现了，"请同学们带着好奇去发现你的疑问、质问、探问、追问再来读课文。"这一次，因为有了方法的指导，课堂一下子舒展了许多。

在学生进入讨论之前，李玉贵开始说明学生合作学习的规则。在李玉贵课堂上的小组合作分工明显不同，每组4人，角色分为桌长、小沙漏、小天使和总裁：1号同学为桌长，负责桌面整洁，材料收发；2号同学为小沙漏，负责提醒时间，关注讨论的节奏；3号同学为小天使，负责提示音量，提醒专注，温暖关怀；4号同学为总裁，任务是安排顺序，容纳异议，最后决策。李玉贵特别提示，别人不愿意做的事情，总裁有责任去做。

进入讨论环节，李玉贵关于讨论的提醒让人眼前一亮。"小组合作不是为了达成共识，而是为了听到不同的声音，发现多元观点。"李玉贵说。

通过练习听来培养学生倾听的意识，成为这堂课让人难忘的地方。李玉贵温柔的提醒，让学生可以随时练习倾听的技巧——

面向全班表达观点时声音大到全班同学可以轻松地听到，4人小组讨论时声音控制在4个人可以听到。关于听的方法，李玉贵提醒：看着他、认真地、边点头、微笑地看着、听到最后。

真正的练习远不是告诉和提醒，还有追问和纠正。她会问组内的学生，能听懂他的问题吗？你能复述他的问题吗？你确定听清楚了吗？当有学生面向全体学生表达自己的观点时，她常说："说话时，请先看看你说的时候别人有没有听。"当那些反应较快的学生忙着举手告诉老师自己的想法时，她会说："说以前更重要的是听，我看看还有谁在举手，别人讲话时你在举手会让讲话的人紧张。"这样的提醒和纠正在课堂上不止一次。

这样的课堂很大程度上是在通过"练习"各种习惯来培养学生的学习力。李玉贵平缓、安静、静悄悄地让学生经历思维过程的课堂，是不是反衬了那些一味热闹的"课堂病"？更多的时候，学生只有安静下来，才可能专注学习。

这堂课让我重新认识了"练习"的意义。优秀教师不只是教学生学的，也应该是教学生习的。在李玉贵眼中，课堂是一个练习的场域，而语文课就是在课堂上练习听、练习说、练习读、练习写。但是，许多时候，我们的课堂成了教师"开讲"的地方，练习被天经地义地放置在了课后，家庭成了学生反复练习的主战场。

李玉贵的课显然是可以触发人思考的课。我们一直追求认识学生、读懂学生，但是，我们到底认识了学生多少？李玉贵说，"许多时候，教师在课堂上是个盲人，对许多学情视而不见"。我们一直倡导"教是为了不教"，但是，在真实的课堂环境里我们却可能教到无以复加。

"有的课，上着上着学生不见了；有的课，上着上着老师不见了；还有的课，上着上着学科核心素养不见了。"培训最后，当李玉贵说这些话的时候，培训现场出奇地安静。

课改深度的标尺是颗粒度越小，课堂品质就越高

　　课改 20 年来，基础教育领域涌现出不少课改成果，诞生了一系列新观念、新经验、新成果。如果用 20 年的时间尺度来丈量课改进程，一些理念和现象有必要进一步追问：以学生为中心的课改理念到底落实了多少？把学习权交给学生就意味着能解决所有的问题吗？为什么一些学校的课堂活了，教学质量却下降了？课堂结构创新的红利真的结束了吗？行动的简约化与教育的复杂性之间的鸿沟如何弥合？要走好下一个 10 年、20 年，课堂教学改革需要关注哪些关键点？

　　这一系列追问都指向了这样一点：课堂教学改革离不开对细节的关注。借助影像学词语来解释，课堂细节就像是影像中的一个个像素颗粒，颗粒度越细，图像越清晰。没有对课堂教学细节的关注，就没有课堂改革的品质可言。关注细节就是要有雕刻精神，将教学技术中的大颗粒分解成小颗粒，将大问题分解成小问题，让教学从粗放走向精细，从模糊走向清晰。课堂改革只有转向细节研究和关键环节研究，在细节里传递教育温度，才可能不断抵达深度。

　　关于学生立场的颗粒度。台湾教师吴慧琳的音乐课就

把课改作为方法

是在细节处彰显学生立场的课，她的课堂总是弥漫着富有穿透力的笑声。她始终以学生为主体进行课堂解构，每次上课总是从简单的游戏开始，因为教学设计需要，她的课堂没有课桌椅，学生有时候便席地而坐。与学生对话时，她总是蹲得比学生还低，更重要的是，话语又那么富有亲和力。初次与学生见面，她会说："江湖上都叫我慧琳姐姐，大家不用叫我老师，叫我慧琳姐姐就好。"有学生回答问题很精彩，像"你是牛顿的后代，很牛"这样的话吴慧琳总是脱口而出。总之，她的课看起来没有那么"正经"，但无论是教学行为细节还是课堂语言细节都彰显着"学生立场"和"爱的态度"。这样的立场和态度未经修饰，未经预设，一切都是自然的流淌。

关于倾听文化的颗粒度。上海教师郑艳红的课给人印象最深的是对"倾听"的观照。在她的课堂上，不仅有友善的互动，更有理解性倾听。倾听既是一种邀请，也是一种示范，更是课堂上最美的姿态。

郑艳红一直用行动强调"听大于说"。因为倾听才能更好地保护说、激发说，倾听是心中有他人，倾听才能润泽关系，促进表达；因为会倾听的人才会提出有价值的问题，而新问题的产生，则意味着深度学习的开始。但是，在另一些课堂上，学生只是被告知要倾听，却没有被指导如何倾听，倾听只是被强调，而少有教师通过分解动作去示范。

要让学生学会倾听，教师首先要善于倾听。教师每一堂课都在用心示范倾听，学生才可能学会倾听。现实中，我们常常看到，一些教师总是不自觉地进行选择性倾听，总是听自己想要的答案，听正确的答案，听精确的表达，而对那些条理不清、有瑕疵的表达，会不自觉地表现出不耐烦。所以，不会听，是因为你只想听你愿意听的。这样的现象在课堂上大量存在。

课改 20 年了，也许我们只触摸到了倾听文化的一角。倡导倾听只能培养倾听的意识，并不能提高倾听能力，希望更多教师能在课堂上不断示范倾听。要相信教师每一次的认真倾听，都会在未来某一天开出的花朵积蓄力量。

关于合作学习的颗粒度。客观说，直到今天我们在合作学习上的努力，并没有出现期待的课堂样态和教学结果。总有一些课堂上学生的合作成了配合老师教的形式，有时候总是不自觉地越过学生的独学，直接进入合作学习。课堂上总会大量出现讨论，却少有友好的争论。讨论与争论不同，友好的争论可以促进认知和道德向更高阶段过渡。合作学习中讨论的问题总是来自教师，学生也习惯了等着教师来问，教师成了课堂上最忙碌的提问者。因此，合作学习需要不断迭代，每一位合作学习实践者都有必要自我追问：热闹的合作中有真正的讨论吗？问与答中有真实的对话产生吗？完成这些追问的过程就是不断减小合作学习颗粒度的过程。

课改深度的标尺是课堂研究颗粒度的大小。蹲下来仔细研究教学，会发现落实在技术层面的颗粒度过大。课堂改革是指向高质量教与学的价值链，颗粒度越小，呈现的细节越多，认知的边界越清晰，教学才可能越专业，效能才可能越高。

如何收集学情才能教到学生需要处

　　这是一节小学二年级的数学课，学习内容为"乘法的初步认识"。

　　执教老师先出示一张游乐场的局部场景图，图中的摩天轮和过山车上每一组都坐着相同数目的人。老师给出的问题是：从图中你发现了哪些数学信息？

　　老师的这一指令发出后，一些学生便开始你一言我一语说着自己的发现。只是坐在我旁边的一名男生似乎比其他同学慢了半拍，他一边挠头若有所思，一边自言自语：数学信息？数学信息？

　　显然，这名学生一直在纠结老师问的数学信息指的到底是什么。一直到老师请一名学生站起来回答问题，这名男生还没有搞明白到底什么是数学信息。

　　就这样，教学在不断向前推进，这名男生却被既定的课堂程序牵引着度过了一节课。

　　这样的课堂场景并不鲜见，相信不少人都似曾相识。如果课后我不给老师反馈这一学情，老师永远不会知道，他的指令性语言"数学信息"到底有什么问题。而这名男生的不解恰恰说明，老师的指令性语言不够精准或者不够通俗。

　　一段时间以来，每每听课，我通常会主动深入其中一个小组，尽可能参与到学生的学习中，与学生一起读、一起听、一起思考。因为只有这样，才可能发现繁荣的合作学习之下到底发生着什么。于是，我也会建议与我一同听课的老师们深入到每一个小组，作为学情观察员观察记录学生的具体学情。

课后，省去堂而皇之的评课，而是由学情观察员向执教教师反馈观察到的学情。这样的反馈可能更有利于教师改进自己的教学。

那么，如何借助学情观察员进行课堂观察与诊疗呢？上海师范大学副教授陈静静一直致力于学习共同体的本土化实践研究。关于如何进行学情观察，她总结了五点：

一是观察焦点学生的学习状态和情绪，看是否心理安全，是否能积极投入学习。

二是观察焦点学生的学习习惯，看他有没有独特的学习方法。

三是看在整个学习过程中，学生是否遭遇了学习困难，具体的困难在哪里。

四是在合作讨论或探究过程中，与他人的交往关系如何，贡献了哪些观点。

五是下课前看焦点学生的学习任务完成程度如何。

循着这样的路径进行学情观察，你会发现，每一个学生身上都有丰富的学习故事。学生讨论时产生了哪些没有被上课教师捕捉到的精彩观点？那些学困生的认知困境到底在哪里？教师在后续的教学中还可以做哪些设计和支持？具体的学情都会告诉我们。

课后组织学情反馈会。一是由学情观察员如实汇报其观察记录并提出自己的思考；二是上课教师进行自我反思；三是围绕共性问题，找出上课教师的教学痛点、描述痛点、分析痛点，探索解决痛点的方法。

这个过程，作为上课教师一定会发现自己眼中的学情和真实学情之间有多大的反差。而这些真实的学情通常正是课堂教学的痛点。当越来越多的教师看见真实存在的学情，就会发现课堂上有多少虚假的繁荣。这倒逼着我们不得不去思考一个最原始的问题——不知学，何以教？

教学的本质归根结底是学习的本质。而要破解教学的密码，首先要从读懂孩子的学习开始，进而不断探寻学生学习的真相。

回到课堂现场，依然有不少现象值得追问：有多少学生在假装学习？有多少学生的举手只是为了配合或迎合？又有多少学生真实的学习需求或学习困难是被优秀学生的表现所掩盖的？

学生在课堂上通常只是一个"模糊的集体"，这使得让"每一个学生"被看见、被关注成了班级授课制下一个巨大的矛盾。每一位愿意改进教学的教师都必须正视一个教育真相，课堂上我们不仅培养着优秀学生，也在催生着后进生的"后进"。

我们可以大致分析一下后进生到底是怎样产生的。

课堂上，教有教的节奏，学有学的进程，但是，课堂教学普遍的问题在于，当学生陷入学习迷思的时候，老师却依然在按照自己的节奏，凭着自己的感觉在教。当教师的教和学生的学不合拍时，当学生在课堂上遭遇"学习困难"却不被看见，他们释放的求助信号无人回应时，学习热情就会降低，久而久之，自然会产生厌学情绪，最终沦为"后进生"群体的一员。

因为教师缺乏对学情的有效了解，学生就成了课堂上"熟悉的陌生人"；因为学生的真实需求不被关注，教师的教就陷入一种"盲目"。

只有来自教师的"关注和关怀"，才可能触发学生高品质的学习。显然，那些后进生更需要被关注。佐藤学的学习共同体倡导课堂观察从"观教"走向"察学"，也即学情观察，它不仅可以发现平时被忽略的课堂细节，而且可以发现平常视而不见的海量学情。

2019 年颁布的《中共中央 国务院关于深化教育教学改革全面提高义务教育质量的意见》明确指出，要"优化教学方式"，"精准分析学情，重视差异化教学和个别化指导"。精准分析学情的基础是观察学情，收集学情。只有坐在学生身边，长期观察记录孩子完整的学习历程，才可能发现具体的学情。

美国心理学家奥苏伯尔曾说："如果我不得不把教育心理学还原为一条原理的话，我将会说，影响学习的最重要的原因是学生已经知道了什么，我们应当根据学生原有的知识状况去进行教学。"有人说，"不怕学生基础差，就怕老师不从基础教"。显然，学情观察员制度可以更好地帮助上课教师发现学生的学习基础，收集到学困生的学习困难。

作为教师，我们"教的权力不能任性"，只有将"教"建立在大量的学情收集之上，才能教得有的放矢，才能教到学生的需要处。如果每一位教师都能打开自己的教室，开放每一堂课，邀请学情观察员来观察、收集学情，上课教师就有了"第三只眼"，进而通过学情分析进行有针对性的教学改进将成为可能。就看你是否愿意邀请更多教师走进你的课堂，让他们坐在学生身边，以"蚂蚁之眼"观察学生的学习世界，然后帮你反馈有价值的学情。

走近佐藤学并识别学习共同体的价值

读一个人的书，有时候未必能读懂他表达的全部。只有真正走近他，聆听他，与他深入对话，才可能更好地理解他。

认识佐藤学的思想就经历了这样一个过程。

佐藤学的书《静悄悄的革命》在中国已经出版 20 年了。20 年来，教育发生了太多变化，正如佐藤学所说，那时教室的风景和现在教室的风景已经完全不同。

为什么直到近两年，佐藤学的教育思想才被一些学校和教师自发地用于实践呢？这的确是一个值得思考的问题。

也许课改的确需要等待，等待时间的积淀，等待思想的准备，等待经验的储备；也许课改正是这样一个等待的过程，更何况，有时候"慢就是快"。那么，这些年基础教育的改革实践到底准备了什么呢？我想，如果不是基于"自主、合作、探究"理念的普及和实践的探索，如果不是在实践中遭遇更多困惑，那么，能够识别佐藤学学习共同体的价值并又热情去实践它，可能还要再推迟很多年。

据说，佐藤学访问过 33 个国家和地区，听过了 1 万多节课，是一位站在教学田野的学人。他倡导的学习共同体有一个显著特点，那就是用"蚂蚁之眼"观察学情。相机是佐藤学走进课堂观课的必备装备。

在上海世博家园实验小学，佐藤学像往常一样带着相机在课堂中寻找、驻足、拍照、微笑。他如此执着于拍照，有点让人费解。但是，如果你听他讲述照片背后的故事，就会明白他在课堂上关注什么。他的镜头里记录着孩子之间的伙伴关系，记录着师生的倾听姿态，也记录着触动人心的学习故事。镜头里是学习共同体的真实课堂样态。

如果说相机是他的观课工具，那么，观什么，拍什么，则代表着他的主张和立场。

且看两位观课者的对话——

一位教师说："佐藤学先生拍照的技术真厉害，每个镜头都有故事，我要学习拍照了。"

"不是他的技术好，而是心里有什么就能看到什么。"另一位教师回应。

多么富有诗意的概括！心里有什么才能发现什么，理念不同、立场不同、视角不同，观察的结果自然不同。课堂上，佐藤学在感受一种课堂的气息，他所关注的是课堂里学生的状态、师生的声音、对话的细节。

难怪佐藤学的报告里充满了故事，我发现，在谈到那些故事时，他陶醉得像个孩子。如果真正走近佐藤学，你还会发现他所倡导的学习共同体与我们日常进行的小组合作学习明显不同。学习共同体是对建立在"相互教""相互说"基础上的合作学习的纠偏。在佐藤学看来，"相互学"才是学习共同体的核心特质，而倾听是实现相互学的重要前提。构建相互倾听的关系是学习共同体建设的重要一环，也是实现高质量学习的重要因子。

这也是佐藤学如此关注教室里的声音，将学习共同体建设定义为"静悄悄的革命"，倡导建设润泽的教室，主张让"同学"这个名词转化为动词的原因所在。

当我们尝试理解一个新理论、新概念、新经验时，一定不能忘了回到源头看看理论创立者说了什么。在理解学习共同体的过程中，我不断对

把课改作为方法

比阅读佐藤学的书和演讲实录等。我知道，佐藤学经常强调：21世纪的教师不仅要成为"教的专家"，也要成为"学的专家"。这意味着教师必须同时投身"教和学"的行动研究，才不会成为跛脚的专家。谈到教师成长，佐藤学说：教师的成长有作为"手艺人"成长的一面，也有作为"专家"成长的一面。这意味着专家型教师的成长一定是一场"道与术""理论与实践"双向奔赴的旅程。

"学习共同体是一个表现学校改革愿景的词语。"佐藤学的这句话更有感召力，他说："未来的学校应该是一个学习共同体，教师和学生在课堂上应该是平等的，相互倾听、一起学习。"实际上，发生在学校里的教育变革从来不是领导者、先行者的独舞，而是整个团队的共舞；从来不是一群人的独白，而是多元主体间的对话。

通过这些年的持续关注，我知道，学习共同体正在被越来越多的一线教师所认识。他们携带着勇气和热情，以创建相互倾听的润泽教室为缘起，以学情观察为支点，以课例研究为方法，以挑战性任务设计为生长点，不断打破对学困生的偏见，打开学习的暗箱，逐渐形成了学习共同体改革中国本土化行动研究的独特风格。我也知道，这一切都只是方法和路径，终极目的是"保障每个儿童高品质的学习权"，这正是学习共同体的使命。

走到距离学生最近的地方去研究

教育人只有和学生在一起才可能逼近教育真相，教育研究者也不例外。上海师范大学副教授陈静静就是这样的行动研究者。10 年来她频繁走进中小学课堂，以"蚂蚁之眼"观察，以"蜻蜓之眼"审视，以"飞鸟之眼"瞭望，洞见了一线教师所未见的学情，然后与一线教师一道以"爱孩之心"检索虚假学习和肤浅学习，这样的努力很大程度上促进了课堂上真实学习和深度学习的发生。

现场有智慧。创新成果一定诞生自日复一日的教学现场。只有在课堂现场才会"遭遇"更多的可能性，只有更多的学者从书斋里走出来，走到实践中去，走到距离学生最近的地方，教学改进、教育变革才可能更深刻地触及核心地带。作为学者，陈静静本可以在书斋里做既定程序的学术研究，但是她毅然选择了在课堂上深耕教育，她的努力敲开了一扇门——一扇读懂学生和读懂学习的大门。

不懂学，何以教？当一线教师过度关注教的时候，学生的学就可能被遮蔽。法国思想家卢梭曾说，"人类的各种知识中最有用而又最不完备的，就是关于人的知识"。我们也可以换句话说，在教育的各种知识中最有用而又最不完备的，是关于对学生的认识。

教与学的分裂，一直是课堂教学的一大痛点。如果不蹲下身子研究学生，我们的教学就可能一直在"落后"里徘徊；如果说只有"始于学生"的行动研究才能更好地实现"为了学生"的教学目的，那么陈静静带领的研究团队显然做到了。作为站在教学田野里深耕的学者，陈静静与一线教师共同备课、研课，并且常常下水上课，这种研究精神和行动姿态在当下显得弥足珍贵。在观察学情方面，陈静静团队在日本学者佐藤学教授学术成果基础上又做了新的发展——基于焦点学生完整学习历程观察与关键事件分析（LOCA Approach）。这一方法颇受一线教师欢迎。在我看来，陈静静团队贡献了一种课堂改革的新视角——课堂改革从学情观察开始，可以更好地赢得一线教师的参与。

陈静静团队所践行的"学习共同体"旨在倡导团队成为一个学习型组织。无论是学生还是教师都不能脱离组织单打独斗，每一个人都需要打开心扉，分享各自的思考，如此才可能成为"共同体"，缺乏分享精神的共同体注定会走入死胡同。

学习共同体是近年来渐渐蓬勃生长起来的课堂新样态。走向深度学习的学习共同体是中国本土化创生的成果。陈静静团队将自身的理论研究优势和大量一线教师的实践合二为一，产生了巨大的"化学反应"，点燃了数十万教师的改革热情。

对于基层教师而言，做好理论准备，课堂改革实践才会更加从容，才不至于盲目。那些缺乏科学理论做基座的朴素的经验，更像是建在沙漠上的楼宇，往往因为缺少完整的学理解释而陷入一种"裸奔"状态。课堂改革一旦陷落在技术主义中，就可能停滞不前。

在与一线教师交流的过程中，陈静静总是强调，她不是给一线教师提供方法，而是提供一种改革实践场，进入这个场就有更多可能；学习共同体的愿景是保障学生高品质的学习权。而要保障学生高品质的学习权，就要坚守学生立场。坚守学生立场，才是战略核心，其他都是战术细节。

素养学习的芯片：让同学成为"同学"

一些旧有的概念，当被再次认识到它本来的意义时，它就是新的。比如，何谓同学？这个已经异化的概念被遮蔽了许久。

同学，是教室里最主要的人际关系。教室里每天都在发生着"同学"关系。"独学而无友，则孤陋而寡闻"，如果长期处于"独学而无友"的状态，久而久之，必然陷入"孤陋而寡闻"的困境。同学不能成为彼此孤立的个体，同学不只是一个名词，还是一个动词，同学是一起学、共同学、相互学。

今天的学校教育困境中，有一大现象就是学习伙伴的缺失，很大程度上就是把身边的同学当成了竞争者。同学关系正在因过度的分数竞争而发生异化。如果同学之间总是拿分数交往，同学的关系就被单一化了，真正的同学关系就可能因为分数而异化。所以，我们在媒体上不时看到，有一种现象叫"课堂孤独症"现象，有一种同学叫"熟悉的陌生人"，还有一种同学叫"伤不起"。那些高考前偷走同学的准考证或诅咒同学生病的畸形心理，还有大学里"感谢同学不杀之恩"的流行语，在今天成了让人哑然的黑色幽默。

同学关系需要经营。在课改背景下，班改要更好地助力课改，就需要建立相互欣赏、相互支持的同学文化，同学之间需要建立新的交往逻辑。

那么，作为班主任，你如何经营同学关系呢？让同学真正成为同学，你又为此做过多少努力呢？

台湾教师李玉贵一直重视同学关系的建立。在她看来，"真正的同学关系是成为互学共学的伙伴，这样学生才会有存在感，才会互相合作，不会的时候才愿意说出自己的不会"。每次在大陆上课，李玉贵总要花费20分钟时间只做一件事——建立同学之间的互学关系。

李玉贵曾讲过一个例子。她带一年级学生时，开学大概一个月，班上的同学都相互熟悉了，她会设计一个有意思的"女孩周"活动——这一周班上女生可以选男生做她的同桌，但是选择同桌时有一个条件：女生要发现男生的优点。选择一个男生做同桌，至少要写出他的三个优点；如果女生选择两个人，则至少写出男生的两个优点。

所以，这一周女生都会用心发现男生的优点，在周五前女生会把自己的"决定"放到"心愿箱"里。智慧的李玉贵会提前查看"心愿箱"，如果哪些男生没有女生选，她就会有意识地关注并表扬这些男生。往往因为老师的提醒，许多女生会发现并写下那些男生的优点。

李玉贵还会提前带全班男同学一起练习感谢别人的邀请：只要有人选你做同桌，我们一定要答应。因为她发现了我们的优点，我们要表达感谢，并真诚地说一声：谢谢你的邀请。然后，两人手牵手讨论坐哪个位置。

这就是一位智慧教师引导学生建立同学关系的创意。让学生彼此相互欣赏，进而成为互学的伙伴，这一点并不容易做到。这种关系的营造需要有创意的活动来支撑。

与李玉贵的"女孩周"活动有异曲同工之妙的是美国中小学的"习惯树"。据资料显示，美国一些学校的教室里会绘制一张叫作"习惯树"

的海报，作为学生品格教育的参照纲领。习惯树涵盖七个习惯，分别是：积极主动；有目标，有计划；做事分主次；从双赢的角度出发，利己利人；先理解别人，再求被人理解；协同、合作会更好；磨刀不误砍柴工。

我发现，七个习惯中有三个都是在促进同学关系的建立。

比如第四个习惯"从双赢的角度出发，利己利人"，进一步的文字解释是：我勇于争取自己想要的，但我同时也会考虑别人的需求。我在别人的情感银行账号里放下我的存款。有矛盾的时候，我会寻找能平衡彼此需求的解决方案。

比如第五个习惯"先理解别人，再求被人理解"，具体的解读是：我仔细聆听别人的想法和情感，我努力从他人角度理解问题。听别人说话的时候我不插嘴、不打扰。我很有信心说出自己的主意，别人说话的时候，我直视他的眼睛。

还有第六个习惯"协同、合作会更好"，具体的解读是：我欣赏别人的优点，向他们学习。我和大家相处融洽，即使他们和我很不一样。我能有效地进行团队合作，因为我知道合作比单打独斗能带来更好的解决方案，我保持谦虚的精神。

这三个习惯可以很好地支持同学之间建立相互学习、相互理解、相互协作的关系。当然，这些习惯不能仅仅通过海报提醒来养成，它要通过具体的持续的练习活动来养成。

伴随着新课程改革的推进，以合作学习为背景的"同学"文化正在被重视。无论是合作学习、协同学习、项目式学习，还是深度学习，都需要建立"让同学成为同学"的课堂文化。它更像是素养学习的"芯片"，重要且不可或缺。

江苏省吴江实验小学教育集团总校长张菊荣近年来一直倡导在课堂上建设"同学"文化。他们把"让同学成为同学"直接作为目标要求，将"能一起解决""通过小组讨论""同学互助""同桌互问"等具有"让同学成为同学"色彩的要求明确写进目标。在张菊荣看来，"同学不仅是同一场域、同一时空的具身在场，更是智力上的相互激荡、精神上的相互映照，课堂将会因此成为智力生活与精神世界的合唱"。

期待课堂内外协同被不断鼓励，期待同学的不懂被不断看见，期待同学这一教室里最大的教育资源得以开发，期待"同学效应"被不断扩大，如此，课堂将呈现学生"高参与"的样态，教学将呈现多声部的交响……

台湾教师李玉贵的眼泪为谁而流

那天，在幸福教室创建者李虹霞的引荐下，我与台湾教师李玉贵相约北京中关村第三小学。

见到李玉贵的时候，一见如故，似乎在生命中的某个时候遇见过。没有寒暄，直奔主题，我们的话题竟然是从李玉贵的一个提议开始的。她说："你可以写写一位台湾教师的眼泪。"

"您说说看。"我说。

故事就这样徐徐展开——

在上海的一次全国会议上，李玉贵是演讲嘉宾。当她谈完自己课堂上那些尊重学生个性化学习的美妙经验，一位来自中原某地的青年教师站起来回应："李老师，这样的做法我们做不到。因为在我们那里一个班有 120 人之多。"

李玉贵显然不敢相信，她无法想象 120 人在一个班级会是什么样，这个数字的确远远超出了她的认知。

于是，便有了李玉贵后来的中原之行。

据说，她在大陆第一次流泪就在这里。走进偌大一个教室，第一次看见一间教室里挤满了黑压压的人头，她一排一排地数着，每排 10 人，当数到第 9 排的时候，李玉贵流泪了。

她发现靠近过道的孩子们，身体有一半已经被挤到了课桌的外面。她实在无法预知这样的班额到底会有多少教育存在，她更无法预知教师在这其中如何去关注每一个生命，她当然也无法理解，学校教育可以如此大尺度地妥协，尽管教育原本就是妥协的产物。学校妥协、教师妥协、家长妥协，最终在无以复加的妥协中，孩子成了最容易受伤的群体。

谈到最后，李玉贵抛出了她的结论——教育改革首先当从缩小班额开始。

"在大班额中，教师很难看见不一样的人。"李玉贵说。

李玉贵的眼泪为那个挤着 120 个生命的超大型班级而流。她牵挂那些孩子，一堂课里他们究竟与老师可以产生多少交流？教师在超大班额里教学，他所面对的永远是一群人，当教育无法面对每一个独立个体而实施，教育的力量就会显得更加渺小。

让班额降下来，让巨型班级瘦身，这应该是教育改革的起点，事实上又何止是起点。改革永远不是一个孤立的事件。这只是教育的冰山一角，在教育内部还有太多需要精耕细作的地方。

比如课堂，李玉贵自称是一个迷恋课堂的人。近几年，应邀在各地小学课堂里行走，她坦言，自己发现了许多教学盲点，也更理解了课堂的意义。但有时候，李玉贵会有一种无力感。"每一次置身课堂现场，都会照见自己的不足，在庞大而多变的学情面前，教师总像个盲人，无法关注到每一个具体的人。"李玉贵说。

她发现，还有太多的问题每天都在课堂上重复上演，有太多的课堂硬伤需要疗救，有太多的课堂行为需要纠偏。所以，很多时候，她会因为自己所迷恋的课堂而流泪——

"我们的教师每天都会教到无以复加，在不该教的地方却一直在教。"

"教学目标不是用嘴巴完成的，但许多教师只接受嘴巴快的孩子。"

"观课时请将眼球转向学生，是观学生的学而非老师的教。"

课堂上的问题远不止这些。在李玉贵眼中，名师们的公开课往往会暴露出许多问题。一些名师习惯性地在学生中间不断巡视，其实是有巡无视。巡视似乎是公开课中不可缺少的仪式，仪式走过了就完了，他们很少专注地看一个学生，看学生什么时候产生学习困难，看学生是否释放不会的信息。

在日本访学时，佐藤学曾经问过李玉贵一个问题：课堂教学的第一目标是什么？后来佐藤学给出了答案——第一目标应该是学生释放不会的信号。也正是从这一次开始，李玉贵对好课堂的标准有了新的认识——好的课堂是重视未知的课堂。

李玉贵实在不理解，为什么一些名师总是喜欢向那些举手的孩子提问，其实，这些都不是你教学的起点。"老师问的问题总是比较特定。"李玉贵说，"知识是用来探究的，而非用来回答的。"在李玉贵自己的课堂上，她鼓励学生说出自己的思路而非说出答案。

尽管学校里的课堂一直备受诟病，尽管人们对课堂总是寄托很高的期待，但是，与10年前相比，今天的课堂样态已经发生了很大变化。

"什么样的课堂才是您更喜欢的好课堂呢？"我问。

"我更崇尚安静的课堂。"李玉贵说，"好的课堂是老师上着上着就不见了。"

追求好的课堂到底有多难？李玉贵坦言自己需要学习的东西太多。于是，在临近退休的时候，李玉贵决定攻读博士。目前她正在上海师范大学攻读王荣生教授的博士。她将自己的博士论文主题确定为"倾听课堂的声音——聆听、发表与交流的课堂研究"。她试图通过系统的研究，就课堂的"发言权""发言核心""谁在发言"，教师如何有意识地聆听学生的发言等做出专业回应。

我们欠学生一堂"倾听课"

有时候一个人的觉醒是从一次具体的痛开始的。

郑艳红就是这样。2016年，郑艳红参加上海市中青年教师课堂大奖赛，执教了《我们是怎样过母亲节的》一课，尽管此前做足了准备，多次磨课试讲，但赛课那天并未出现预想中的精彩，反而因为缺少对学生学情的关注，让学生沦为课堂的"观光客"。

郑艳红是上海大学附属中学的教师，她说，"那堂课上，我是把新课程以学习者为中心的理念生硬地嵌入了以教师的教为中心的教学框架中"。这次被郑艳红定义为失败的赛课经历，让她开始反思过往的教学经验，也为她遇见佐藤学的学习共同体理念埋下了伏笔。

她自我反思：以往在课堂上总是把注意力集中在自己的教上，越是按照精心设计的教案上课，学生越是被我牵着走，而没有了学习的自主性。过去，看似很认真地倾听学生的话语，心里却想着权威和约定俗成的说法，或自己预先设想的答案，学生一旦没有说到自己想要的内容，就会打断学生，或转移话题。所谓的启发引导成了诱"敌"深入。

真正的改变是从知道学习共同体倡导的倾听文化开始的。在一次观课中，郑艳红发现，原来教师可以如此倾听，这样的倾听里没有教师的"高高在上"，没有权威的评判。倾听里含有教师对学生的尊重，更有充满信任的师生关系。这让郑艳红的反思再次具体化——我自认为是会倾听学生的，殊不知自己的倾听是有选择性的。课堂上不自觉地习惯于倾听自己所认为的"好的发言""正确的发言"，而对除此之外的学生发言却听而不闻。

这个过程发生在 2016 年前后。改变也正是从这个时候开始的。她常说："问题本身不是问题，如何面对才是问题。"

倾听，让郑艳红触摸到了课堂转型的密码。两年后，在《中国教师报》于郑州举办的"创课进校园"公益活动上，郑艳红老师应邀上了一堂"社会现象评论"作文课。

这是一堂由倾听推动的好课。在这堂课上，她设计了四个任务——

任务一：观看纪录片《陪读》中"安徽毛坦厂一万多考生家长陪读"的视频（节选）后，探讨核心问题，在学习单上写出自己的立场和理由，开展辩论活动。核心问题有两个——对于陪读现象，有两种截然不同的观点：有人认为陪读是合理的，应该提倡；有人认为陪读现象不合理，应该避免。你赞同哪一种观点？请阐述你的理由。

任务二：阅读补充材料，用思维导图的方式写出观点和理由。（修正、丰富、补充等皆可）

任务三：完成社会现象评论文思维路径表格并交流分享。

任务四：学生口头作文，教师现场用语音软件转化为文字。

任务一是出示真实情境，激发学生对社会现象的好奇心，让学生在认知冲突的情境探讨中逐步明晰自己的观点；任务二是借助更全面的材料，让学生完善自己的观点；任务三是梳理写作思路，从自然表述转化为专业表达；任务四是让学生用合乎逻辑的方式呈现自己的思考成果。

以任务驱动学习，变"写作文"为"说作文"，让思维可视化，这些当然都是这堂课挥之不去的亮色。但在议课当中，与会专家在点评时投放在屏幕上的几张照片让大家看到了另一个视角。点评专家抓拍了多张郑艳红在课堂上认真倾听的姿态。整堂课下来，郑艳红更多是通过倾听推进生生对话、师生对话，然后把学生独特的观点串联起来并不断深入。

那堂课上，当学生在辩论的时候，郑艳红的身体语言最能传递她的教学立场，她通过板书迅速提取每一个学生表达的关键词，距离她比较远的学生发言时，她常会上前几步，身体前倾，甚至侧耳倾听，又会不断点头回应。这构成了这堂课最美的姿态。当老师如此认真倾听每一个学生的发言时，学生当然更愿意表达自己的想法。学生每一次发言，无论是精彩还是出现失误，对教师而言都是弥足珍贵的反馈。

后来，接触到郑艳红班上的学生，来自学生的共识是，她总是报以学生最大的信任。善于倾听是学生眼中郑艳红在课堂上最大的变化。学生说：我们学会了站在不同人的立场和角度上去理解他人，从而不断完善自己。郑老师很少否定我们，更多的是欣赏和肯定。在她眼中，我们每个人的观点都弥足珍贵，因为郑老师的尊重和鼓励，我们才会更大胆地发表自己的观点。

于是，那一年《中国教师报》的教师节特刊有了我采写的一篇报道——《郑艳红：课堂上最美的姿态》。

其实，关于郑艳红的倾听故事还有很多。在她前不久出版的新书《最美的姿态是倾听——语文课堂转型》中有更丰富的记录。郑艳红正在努力构建属于她的基于倾听的教育学。对于郑艳红来说，倾听是一个具有教育学意义的姿态。"营造课堂倾听文化，最重要的是教师要充分示范倾听。"如果从这个角度审视课堂上教师的教学行为，对不少教师而言，我们是否都欠学生一堂"倾听课"呢？而《最美的姿态是倾听——语文课堂转型》这本书的书名就是最好的邀请——邀请更多一线教师从示范倾听开始改进课堂。

一堂数学课上浪漫远行的细节

　　特级教师张宏伟的数学拓展课《小数的意义》，我听过多次，每一次都有新的触动，这种触动常常因为学生的不同而不同。这一次，张宏伟的课又让我们遇见了"数学之美"——原来数学可以如此曼妙。

　　确切地说，他不是在教数学，而是在用数学做教育。好的课堂一定是"五官苏醒"的课堂。在这节课上，学生从最初的迷茫、懵懂到遭遇一个个有挑战性的问题，一双双眼睛渐渐明亮起来。在一个个回合的师生对话中，学生完成了一次数学启蒙，观课者则领略了从教学走向教育的魅力。

　　综合几次观课的过程，我拾取其中的几个片段予以分享。

　　课一开始，张宏伟没有直接导入新课，而是帮助学生建立一种"安全、安定、安心"的课堂文化。

　　"张老师常常给学生送三句话：只有在课堂上敢于胡说八道，将来你才可能能说会道；只有在课堂上敢于胡思乱想，将来你才可能有奇思妙想；只有在课堂上敢于胡作非为，将来你才可能有所作为。"如此有力量的三句话，让学生感到这的确是一位好玩的老师，这一定是一节值得期待的数学课。美国著名教师雷夫曾说，在他的第56号教室里，真正的秘密不是因为有了什么，而是因为"没有害怕"。毫无疑问，张宏伟从一开始就在试图营造一种"没有害怕"的课堂氛围。课堂上学生一旦有了安全感，他们的整个世界就会明亮起来。

这是我感受到的"育人大于教书"的第一个细节。

接下来的师生对话更是意料之外、旁逸斜出，但又让人回味无穷。

师：小数学过了吗？

生：学过了，四年级就学过了。

师：还有问题吗？

生：没有问题。

师：没有问题，我们还要学吗？

生：学。

师：为什么还要学？

生：因为你要教。

师：我们的学生总是如此善良，如此懂老师——你要教，我们就陪你玩一会儿呗。

师：同学们，这个世界最可怕的就是没有问题。会学习的人总是能够在别人都没有问题的地方发现新的问题。既然你们都没有问题了，那老师来问一个关于小数的问题，小数的英文单词谁知道？

学生们面面相觑，有人摇头，有人好奇地望着老师。

师：大家都不知道怎么办？

生：你可以教我们呀！

师：但老师今天不负责教，怎么办？

有学生说，可以上网查。于是，真正的学习便从这里起步了。学生学习的路径被打开，开始借助网络等资源、工具进行自主学习，而教师只是激发并协助学生学习的人。会教的老师才能教出会学习的学生。显然，张老师的追问激发了学生自学的需要。他让学生明白了"所有学过的东西里永远都有你不知道的部分"。

这是张宏伟为学生打开的第一扇窗。

一堂课就这样由一个接一个充满挑战性、让人脑洞大开的问题，由一轮又一轮的师生对话向前推进。在这个过程中，让我备受感动的是，张宏伟每一次回应学生时的评价性语言都真诚而有力量，具体而不重复，没有让评价沦为"你真棒"的乏味。

"你发现的这一点，老师都没发现，你是老师的老师。"

"这位同学是第一个主动站起来发言的女生，我们给她点掌声。"

"欣赏别人的同学一定会受到别人的欣赏。"

更精彩的评价是在这一节课的最后，进行总结时张宏伟问："同学们，这堂课你们收获了什么？"有学生说，"我学会了借助网络来学习"。有学生说，"我学会了任何事情既要正着想一想，也要倒着想一想"。还有学生说，"这节课我发现了一个新的学习方法——'掏空法'，就是要善于刨根问底，穷尽思考"。

师："请三位同学站起来，接受大家的点赞。其他同学总结的是学到的知识，这三位同学总结的是学习方法。同学们，方法是比知识更重要的知识，我提议全班同学连续给他们三次掌声。"

这是张宏伟给学生打开的又一扇窗。

一节好课可以有 N 个解读的视角。张宏伟的这节课将小数放在了整个数学体系背景下，他更像是数学知识点的挖掘机，让学生更为丰富、全面、完整且深刻地理解了"小数的意义"，发现了小数的真相，也让学生发现了小数的四大美：精确之美、简洁之美、统一之美、对称之美。

当一位教师可以站在整个知识谱系当中面对教材，当一节课可以将学生带入一场浪漫的远行，当学生的思维在对话中不断被引爆，他让学生遇见的不再是知识，而是成长；他所做的不再是教学，而是教育；他所关注的不再是学科，而是育人本身。

从两个场景看课改人的远见

人们总喜欢追随那些有远见的人，但我们的周围很少有人能真正洞见未来。

教育是面向未来的事业。只有善于以未来的视角看当下，才可能从容地站在未来。那么，何谓"远见"？课改人的远见体现在哪里？

最近看到的两个场景，大概可以注解课改人的远见。

在中国教师报"全国课改名校公益游学行动"第六站的活动中，南明教育团队成员张春燕讲述了所实践的"全人之美课程"。全人之美课程体系由身体课程、艺术课程、智慧课程、人格课程四个理念一贯、逻辑自洽、相互融合的板块组成，旨在让学生找到并发展自己最深的愿望和最大的可能性——"做一个自我实现着的自由人"。

这种理论的解释并不一定能打动你。但是，张春燕作为班主任与孩子们一起经营着一间名叫"橄榄树"的教室。在这间教室里生活着的人有着相同的文化朝向与期待。她带领自己的学生用诗歌来表达自己的生活，她会对每一个学生的作品进行点评，这样的努力旨在让每一个孩子的付出"被看见"。然后将这些诗打印出来配上画，贴在教室里，有时候还会将这些诗谱成曲，一起吟唱。这是一种多么曼妙的教育生活。听她的讲述，你会感叹这个世界上果真有人可以把教育生活过成一首诗、一个故事，可以把自己活成学生的榜样。

有人感叹，"这么唯美的教育，我们做不到"。有时候那些好的教育样态不需要我们一定抵达，但需要我们看见。当你看见过好教育的样态，走向她便成为可能。

教育就是让学生不断遇见美好的过程。美国诗人惠特曼曾说："一个孩子朝前走，他最初看见的东西，他就变成那东西，那东西就变成了他的一部分……"张春燕让孩子不断发现美好，遇见美好，这是否就是一种教育人的远见呢？

第二个场景是前不久观摩的清华附中合肥学校教师秦亮在学习共同体全国教育峰会上执教的一节化学公开课。他借用的是上海金苹果学校初二年级的学生。面对没有学过化学的初二学生，秦亮将这节课定位于一节化学启蒙课。这堂课以二氧化碳的发现史为主线，以项目式学习、思维图、科学探究作为理解认知的辅线，采取"倾听、串联、反刍"的方式推进学习，将化学的趣味性、探究性、科学性、严谨性融合在教学中。一堂课下来，作为上课老师，秦亮没说几句话，甚至没有具体知识点的点拨，但学生们意犹未尽，沉浸在实验和探究中，下课了依然缠着老师要继续尝试。

在议课环节，台湾的李玉贵老师说，尽管这样的学习比老师讲要慢很多，但学生获得的知识是实践后的知识，是真知。旁边一位认真观课的高中化学教师着急了："这样的课能应付考试吗？我发现一些学生并没有搞明白二氧化碳的性质。"另外一名老师则回应说："你说的是一堂课的目标，秦老师追求的是一年后两年后的长线目标。"

这样的观点交锋很有意义。每一堂课都是价值选择的结果。不是每一堂课都要直奔考试而去的。对分数的过度迷恋，已经让我们习惯了抢跑和功利。但是，有多少知识今天要考，未来却不需要，而今天不考的，未来却可能要考。教育需要拒绝眼前的功利，但拒绝的确是需要勇气的。

我想，秦亮的教学实践是否就代表着一种远见呢？

所谓远见无非就是"守正"，远见之远，在于总有人在思考未来、守望未来。远见，有时候是具体的、可见的、可感知的。而分数对教育的牵引，可能正是对远见的障碍和遮蔽。

未来已来！未来就在当下，你今天站在哪里，未来就可能走到哪里。有远见的课改人一定会在某一天、在课改的转角，遇见今天守望的未来。

教育的进步大概正是课改人远见的积累，只有日复一日用远见观照实践，才能在疑惑中找到答案，在纷繁中洞见真相。

学习共同体的魅力

近年来，学习共同体的本土化实践进程不断加速，并且已经成为改进课堂教学一股不可忽视的力量。有越来越多的一线教师释放出了自发自觉践行学习共同体理念的热情。这样的场景在长城内外、大江南北、海峡两岸都能捕捉到。

学习共同体何以有如此魅力？它究竟切中了当下课堂改革的哪些痛点和需求？

我抛出这样的问题，并不意味着学习共同体就是放之四海而皆准的经验。它和其他受到人们热切关注的经验一样，都是要在实践中不断发展、不断完善的。但是，日渐升温的"学习共同体热"现象的确值得研究。

关于学习共同体的核心理念我没必要赘述，佐藤学的书中有大量鲜活而深刻的解读。我更愿意从客观存在的课改现实来谈一谈"学习共同体热"的原因。

两年前，我曾撰文谈过，为什么20年前，钟启泉教授就翻译了佐藤学先生的著作，而到了多年之后该书才在更大范围内被一线的教育者所认识。这里面有一个重要的背景就是新课程改革。走过20年历程的新课程改革，让人们对"自主、合作、探究"理念有了深刻的认识，从这一理念出发产生了一大批带着泥土气息的教学改革经验。显然，这样的实践深化了人们对教育、对教学的认识。当然，这个过程中同样也遭遇了诸多痛点，其中较为显著的一点就是合作学习中出现了不少让一线教师困惑的难题。我曾在《课堂深处》一书中谈到过"有一种痛叫'合作痛'"。比如合作学习的泛化，合作学习的浅表化，合作学习方式和目的的单一化，等等。换句话说，课改的行动研究使人们深化了对合作学习认识的同时，也衍生出了一系列新的问题需要破解。这个时候，学习共同体被重新认识，学习共同体倡导的理念和具体的方法论，在一定程度上可以很好地疗救当前合作学习中的一些痛点。这可能是"学习共同体热"出现的一个重要原因。

回到前面的话题来说，虽然20年前学习共同体已被钟启泉教授介绍到中国，但是，当人们在行动中对新课改的理念没有认知的时候，我们可能就是一个盲人，对那些好的课堂成果会视而不见。

学习共同体彰显出如此的魅力，还因为佐藤学先生倡导的学习共同体是有相对科学的系统的教育理论指引的，是理论与实践相得益彰的产物。有科学理论指导的教学实践，自然就会减少实践中的盲目，减少试错的成本。

在本土化实践过程中，陈静静团队是站在教学田野里的深耕者。他们没有坐而论道，而是与一线教师一道扎根课堂共同研究。我也观察到，学习共同体研究团队并未热衷于具体而微的技术培训，而是提供共创共享的平台，创生众筹互助的机制，让每一位参与实践的教师都成为学习共同体的发展者和建设者。由此，参与实践的一线教师更多是自主实践、自主创生，而不是寄希望于所谓专家的辅导。

这并不是说谈课堂技术就是低层次的，我想表达的是，技术可以为一线教师赋能，但技术也可能带来伤害。所以，我们要警惕一切课堂实践的过度技术化。当一线教师过于追逐"偏方"、迷恋技术的时候，学习共同体专家团队要做的不只是迎合，更重要的是引领。显然，这种引领是更高站位的引领，是超越技术的引领。

一味借助于外力指导，一切只关注方法和技术的课堂实践最终都会偃旗息鼓，这样的让人痛心的例子实在太多了。所以，学习共同体研究团队提供支持而不包办，做好引领但不过度干预，为课堂改革向更深处漫溯提供了更多可能性。

"指南针优于地图原则"是美国麻省理工学院媒体实验室主任伊藤穰一与"众包"概念提出者杰夫·豪共同提炼出来的未来社会九大生存原则之一。这一原则告诉我们：一份详细的地图可能会将你引入密林深处，带来不必要的高成本，而好用的指南针却总能带你去你想去的地方。

学习共同体之所以彰显出如此的魅力，还有非常重要的一点，陈静静带领的团队是以公益的方式在传播和推进。他们的推广行动是非功利的，由此便有了走得更远、更好的可能。

在我眼中，学习共同体是一个指向美好的课堂愿景，是让学生可以"五官苏醒"的好课堂样态，也是一种可以帮助教师更好地看见每一个孩子、看见他们学习过程的课堂生态。毫无疑问，它是一个"宏大"的体系，你一不小心就会把它窄化，所以，你眼中的学习共同体只是学习共同体的一部分，要时刻警惕以盲人摸象式的实践来做学习共同体。

学习共同体有如此的魅力，我们有理由相信，不久的未来会有更多的教师接触它、认识它，会加入到实践者的行列中来。只是我们在看见这种繁荣景象的时候，也要警惕学习共同体在日益泛化的过程中被肤浅化和妖魔化。

学习共同体的秘密

"学习共同体"作为一种课堂形态，正在受到更多一线教师的关注。夏天的福州，一场以"聚焦核心素养，回归学科本质，深化课堂转型"为主题的海峡两岸学习共同体高峰论坛，汇聚了 500 多名来自国内外的专家学者和学习共同体践行者。论坛上的诸多问题成为对话的焦点——何为学习共同体？学习共同体的秘密是什么？学习共同体为什么强调静悄悄的课堂？为什么主张听比说更重要？为什么要让课堂慢下来？与会专家就此展开对话，烹制了一场精致的思想盛宴。

特级教师转身的故事

林莘所在的福州教育学院附属第四小学（以下称"F4"）是此次论坛的承办方。作为校长，林莘与学习共同体有着不得不说的故事。

林莘是语文特级教师，曾应邀到全国各地执教过上百节公开课，多次获全国教学比赛一等奖。3 年前的一次台湾之行，她与台湾新北市秀山小学校长林文生相遇，第一次接触到学习共同体，从此开始了一场"与自己为敌"的较量。

林莘义无反顾地放弃了过去的授课方式，抛弃原来最亮丽、最耀眼、别人想学却很难学到的课堂精彩，一切归零，重新开始。这一度引来许多朋友的不解。

有人说，她是语文教学的"叛徒"，林莘则说，"我做自己的叛徒"，"自废武功，从头再来"。

"一直以来，教师都太想教了，总是忍不住、等不及、放不下。"所以，林莘希望教师要学做"忍者神龟"，要退后、退后，再退后，让学生真正做学习的经历者。

观察一些公开课时我们会发现，许多教师都在上"假课"，不少孩子都在"假学"，假课的一个表征就是课堂只属于那些出类拔萃的孩子，属于那些"会的孩子"，而沉默的大多数只是陪学而已。

如今，林莘的公开课已不见以往课堂上教师的"精彩"，课堂上不再总是充斥着教师的声音，她的肢体语言变得更柔软，对儿童的尊重体现在一言一行、举手投足间。

在"F4"，加入改变行列的不仅是林莘，还有一批"身怀绝技"的优秀教师。一路走来，"F4"的课堂真正实现了"学教翻转"，课堂回归了宁静，相互学习成了最动人的风景。

学习共同体倡导者、日本教育学者佐藤学来到该校，这样评价他们的课堂：这里正在发生一场"学习的革命"。"让教室里的学习，成为每个学生都能得到尊重、每个学生都能放心地打开自己的心扉、每个学生的差异都能得到关注的学习。"佐藤学说。

因为践行学习共同体带来的学校教育生态的变化，让林莘和她的团队更加迷恋课堂、迷恋学习共同体。于是，在"F4"便有了每年一度的海峡两岸学习共同体高峰论坛。

建立相互倾听的关系

林文生在论坛上执教了一节公开课。课一开始，他提出了学习共同体课堂的三个原则：一是倾听记录，二是勇敢地说出"我不会"，三是热情分享。也有专家这样总结："静静地倾听，努力地思考或大胆地发问，充分表达或主动分享"，这是学习共同体的三个主要特征。

学习共同体有一套特定的话语系统：比如倾听，学习共同体要建立相互倾听的伙伴关系。在佐藤学看来，"教师在课堂上要以慎重的、礼貌的、倾听的姿态面对每一个孩子，倾听他们有声和无声的语言"。

学习共同体的教师要用耳、眼、心去倾听，听出学生的困惑，听出学生内心的需求，听出组内学生、组间群体的差异等，保证每一个学生能安心学习、热衷学习。学习共同体不仅关注教学的效果、成果、结果，还关注学生解决问题、获得认知的学习过程，关注学生的协同学习。

难怪台湾首府大学教授欧用生在论坛上反复强调，学习共同体不是不用教师教，而是不用嘴巴教，教学是倾听、串联、回归，用身体全心全意地教。教师要学会用手、脚乃至整个身体，走到学生身边蹲下来，让学生感受到你相信他。

在福建师范大学教授余文森眼中，学习共同体有两大关键词——学习和共同体，它们都暗含了一种翻转的指向。学习指向的是教与学的翻转，共同体指向的是个体到共同体的翻转，通过翻转凸显学生学习的交往性、互助性和分享性，而翻转的重要途径是倾听。

"倾听是以他人为中心的，相互倾听的关系让学习从自我转向他人、转向伙伴，当你心中装着别人的时候，别人也会在心中装着你。所以，学习共同体是充满道德感的。"余文森说。

欧用生是佐藤学的校友，一直在台湾推动学习共同体的行动研究。他认为，互学也即协同学习是学习共同体的最大特点。如何才能实现真正的协同学习？它是建立在相互支持的同伴关系上的，透过倾听相互认同、构筑自我，追求学习的质量，达到学生与教师相互成长的目的。但是，协同学习不仅要建立倾听关系，还要有深度引导的问题，有深度联系的桥梁和平台，有深度体验的实践过程，如此才能达到真正意义上的协同学习。

学情观察背后的教育哲学

论坛中的公开课展示，每一次都有教师自发走上去担任学情观察员。他们深入每一个小组，坐在学生身边，安静地感受、观察，不介入，不打扰。

课堂观察可以看见更多的可能性。课后，学情观察员的分享往往带给大家的是一个全新的课堂，因为对于坐在台下的教师而言，课堂上有太多无法观察到的景象。唯有走近孩子才能真正理解孩子、读懂孩子，进而帮助孩子。

在点评"F4"语文教师吴志诚的公开课时，日本东京大学教授秋田喜代美用她亲自拍下的照片来"说话"——当吴志诚点没有举手的孩子的名时，她说："要把教室的氛围带到会场，吴老师把手自然地放在孩子的肩膀上让其放松，这一放代表的是关爱和耐心。""一位比较优秀的女生在课堂上先想到的是别人，主动把发言机会让出来，然后到第三次自己才发言。"秋田喜代美说，谁讲谁听要弄清楚，要听困惑，要全身心去听，教师要听到孩子内心的声音，要通过看学生的状态来判断他们的学习状况。

秋田喜代美观课时手里一直拿着相机，随时拍下她需要的镜头。在她眼中，拍下什么样的照片，就反映了什么样的教育哲学。

秋田喜代美娓娓道来的报告都是关于课堂上的学习故事。她说，透过学情观察可以看出学生的学习产生了什么样的变化，比如学生开始对某些事物有兴趣，就会变得专注着迷，比如哪些学生总是勇于挑战，哪些学生大胆表达自己的感受。要通过学情观察，发现每一个孩子的眼睛为什么发亮，为什么这个孩子的内心之门打开了或者关上了。

一位教研员参加了本次论坛之后，写下了这样一段文字：我不禁自问，我们平时怎么就没有这么深入地研究学生呢？我们当下观察的是同样的课堂，为什么我们就没有她那独特的视角呢？秋田喜代美教授不懂汉语，但她怎么就能通过学生的表情与姿态，读懂孩子外表下的内心呢？我们也能宁静、淡定、从容、精细地做教育研究吗……

台湾"师铎奖"获得者李玉贵在聆听了秋田喜代美的评课分享后说，秋田喜代美不懂中文，在同样的时间里，她却看到了与我们不一样的课堂细节，这让我们不得不敬畏课堂、敬畏学情。学情如海，我们身处其中却毫不知情。我们常常把学生当作模糊的集体，而不是一个个与众不同的个体，"学习共同体的价值在课堂看不见的地方，我们需要共同努力"。

学习共同体的实践迷思

学习共同体是正在形成的学习社群，是活动式、合作式、反思式的，重视互听、互学和互惠关系。秋田喜代美在论坛上指出，学习共同体并不限于学生的学习共同体，也是学生与教师、教师团队、家庭与社区的共同体。

"学习共同体的实践迷思"是欧用生的报告主题。他在报告中抛出了一系列自我追问：学习共同体背景下的教师真的不用"教"了吗？有"小组讨论"就表示学习共同体成立了吗？外在形式初具，内在学习有了吗？"协同学习"的精神贯彻了吗？……

在报告中，欧用生对这些问题一一回应。

在欧用生看来，许多时候，学生在一起讨论并不一定有真正的协同，有对话也未必产生真正的学习。真正的对话是对话者之间构成一种相互协同的关系。对话是一种教学关系，而不仅仅是语言活动，其主要特征是，对话者之间要有不断的论述和参与，由此构成相互的反省性关系。

学习共同体的课堂并不主张教师多讲，而是弱化教师"教"的欲望，减少教师"教"的时空。但是，教师真的不用"教"吗？"不是教师不用教，而是不用嘴巴教。教师要用什么教？用你的身体去教，身体的课程很重要，全心全意地看着学生，听他说了些什么。不是等着他的答案来给他评价，而是要无条件地接受每一个观点。"欧用生说。

学习共同体主张教师要少教多学、少讲多听，让学生和学生串联起来，让今天的学习和昨天的学习串联起来，和生活串联起来。"'很会教'只是教师的一枝独秀，孩子们'共同学'却是遍地开花。"有专家说。

学习共同体更重视学生学习的乐趣，不主张使用奖惩系统或通过竞争激发学生的学习兴趣；学习共同体中不需要领导者，大家平等地学习，不主张刻意安排某种角色，而是让角色自然产生，让每一个学习者都有多重角色的体验。与会专家认为，学习共同体重视差异化，主张利用差异创造可能性和更多机会，重视跳跃学习和真实学习。

学习共同体的天敌

让课堂慢下来，是学习共同体的课堂文化。

林文生校长的数学公开课很慢，课时也明显超出了正常课时。出示题目后，他给出的指令清晰而具体：读到重要的信息把它圈起来，不急于计算，至少读三遍。他在用多读、默读的方式训练学生对题目的理解，训练学生通过读题读出哪些信息是无用的，哪些是有用的，为什么……

"你别急，慢慢想，我们等你，我来帮你。"这是学习共同体课堂上师生共用的语言。学习共同体更关注课堂上弱者的存在感。后进生在学习共同体的课堂上不仅有存在感，还有被接纳感、被尊重感、被包容感。

欧用生说，要无条件地相信学生，把学习的责任还给学生，放手让学生经历学习。他有一个形象的比喻，教师要做到的不是"放天灯"，而是要有组织地让学生感受收放自如"放风筝式"的教。

在与会专家看来，践行学习共同体要处理好快与慢的关系。教师直接教很快，教会学生学则慢。学习共同体重视学生的学，所以课堂进程看起来会很慢。但是，当学生学会学习后就会逐渐快起来，这种快是生成出的快，是形成性的快。万事开头难，万事开头慢，这跟"磨刀不误砍柴工"是一个道理，急于求成是学习共同体的天敌，耐心和爱心是学习共同体的朋友。学习共同体不求教学进度，不求当堂完成教学任务，只求学生把每一步都走好，每一步都走稳……

前国家督学、原江苏省教育科学研究所所长成尚荣在报告中指出，学习共同体让人们看到了课堂教学的新样态、新范式，它让学生学会在课堂中过一种公共生活。学习共同体让我们真正走近儿童、研究儿童，让儿童研究更具体化了。

成尚荣同时指出，要警惕教学中的"黑洞现象"。如果教师都要提出自己的教学主张、教学模式、教学风格，把兴奋点都放到这些方面，而忽略了教学的基本问题，那就可能变成教学的黑洞了。

无论什么样的教学改革最终都要回到教学的基本问题上来。基本问题往往具有根本意义，它主要包括：真正确立教学育人的核心价值观，在课程综合背景下进行课堂实践，以学生学会学习为目的，以学生思维训练为重点，学习方式要落实在具体的学习活动中，用现代技术支撑学习……

教育学博士陈静静曾在日本东京大学跟随佐藤学访学，翻译过多部佐藤学的教育著作。陈静静在论坛上表达了自己的感悟，她曾用10年时间否定自己的课堂研究，然后逐步放低姿态走近学生。陈静静强调，践行学习共同体第一步要做的就是秉持谦逊之心。"学习是一个复杂的过程，我们不知道学生学习的转折什么时候发生。如果你始终站在高处，就永远得不到帮助。"这也就是秋田喜代美所说的，要放下我们的傲慢之心。学习共同体中的每一个人只有始终保持空杯心态，才可能建设有温度的学习共同体。

将教学放在"第一性原理"下再审视

一堂课承载的信息可以很多，但总有最重要的主线不可偏离。我曾多次观摩李玉贵和吴慧琳两位教师的课，她们都来自宝岛台湾，两个人上课，一个课堂安静，一个课堂沸腾，但是在这种巨大反差背后却有一个相同的指向：尊重儿童像呼吸一样自然。她们在一言一行、举手投足间流露出对学生发自内心的尊重，让人心生感动。所谓的儿童立场和倾听儿童不是在课前设计出来的，更不是被既定的流程把持。

坦率地说，"倾听来自儿童的声音"这些我们常常言之凿凿的理念，到了具体的课堂上并不容易做到。日本教育学者佐藤学说："在教师创造性的力量中，专业知识与教学经验不过是占了三成而已，剩下的七成就取决于教师能够在何等程度上尊重每一个儿童的思考与感情，能够在何等程度上引发每个儿童潜在的可能性。"

这让我想到了"第一性原理"。亚里士多德对第一性原理的解释是：任何一个系统都存在自己的第一性原理，它是一个最基本的命题或假设，不能被省略或删除，也不能被违反。

第一性原理可以帮助我们拨开迷雾，打破经验的遮蔽，穿越司空见惯的"理所当然"，然后跳出常态，找到教学中最关键的部分。

我所了解的中国科学院附属玉泉小学在教学变革进程中就恰到好处地使用了第一性原理。"双减"背景下，该校正以建设"新学程"为路径着力为课堂提质增效。"新学程"的提出有一个基础性背景：在过去的 10 年里，他们一直没有停止过改革，经历了从教程到学程再到新学程的迭代。所谓学程即"学习的过程、进程和历程"，它离不开对学情的动态观照，离不开学习支架的支持和情境的参与，将教的行动融进学的逻辑，以学程设计来促进学的发生。而新学程则是在此基础上教学战略思维的参与，按照校长高峰的解释，教学既需要战略设计，也需要战术设计。战略设计是站在立德树人和小学教育全局来审视教学，而战术设计则是思考一堂课如何导入、如何提问、如何评价等微观技术问题。

显然，玉泉小学对教学变革的目的与手段问题有着清醒的认识。当我们致力于课堂变革时，使用第一性原理来思考和规划，将确保我们不被当下的热词所裹挟，不被眼前的现象所羁绊，不因为投身"重要而紧迫的事情"而忽略"重要但不紧迫的事情"。

第一性原理与"上游思维"有异曲同工之妙，即不断向上追问找到源头的过程。比如，当我们纠结于教学目标该不该增减、教学目标设计是否体现了 DOK（知识深度）的四个层级时，可以向上追溯：课堂教学的第一目标是什么？佐藤学曾说，一堂课的第一目标是学生可以安心地说出自己不懂的问题。这就意味着，创设心理安全的课堂表达环境，善待学生粗糙甚至错误的表达比知识目标实现本身更重要。这也正像青岛中学执行校长汪正贵所说，教师的全部着眼点应该集中于此：让学习真实发生。

第一性原理告诉我们，当回到事情的原点思考问题的时候，就会有更高的站位。那么，在一堂课上如何提高教学站位呢？就是要有超越技术，超越课时目标、学科目标，甚至超越课堂的眼界——眼中有人，能看见分数背后"人的成长"。这在北京亦庄实验小学教师高丽君的一篇反思文章中得到了印证。她坦言教师成长中的一个失衡现象："我们的成长中通过学各种各样的技术，去提高自己的能力，但很少去关注'道'，以至于对教育最根本的问题都含糊其词。"

第一性原理告诉我们，在课堂教学改革中要用好"指南针"，因为在复杂的丛林中"指南针优于地图"；在穿越洞穴的时候，要手中有火把，还要眼中有"洞口之光"。当下，无论是有效教学、高效课堂，还是大单元教学、大概念教学、跨学科整合教学等，当放在第一性原理下重新审视的时候，就会发现无论眼下你所投身的某个经验多么重要，都不是把学生悬置在课堂最中央的理由。教学变革只有以核心素养为纲，才能确保具体的路径不偏离、不走样，正所谓纲举才能目张。

合作学习不是学生围坐在一起就有合作，也不是合作了就有学习，而是有学习上的困惑和需求时，合作才会自然发生。

无合作不学习，无表达不学习，早已成为共识。但是伴随着合作学习在课堂上的泛化，有一些合作学习的行为已经陷入了误区。

有的课，上着上着学生不见了；有的课，上着上着老师不见了；还有的课，上着上着学科核心素养不见了。

关注细节就是要有雕刻精神，将教学技术中的大颗粒分解成小颗粒，将大问题分解成小问题，让教学从粗放走向精细，从模糊走向清晰。

学情观察员不能仅仅作为观察者和记录者，在课堂上，他本身就是重要的课程资源，可以作为上课教师的助教随时协助、指导、督查小组合作学习，促进课堂效益的最大化。

学生在课堂上通常只是一个"模糊的集体"，这使得让"每一个学生"被看见、被关注成了班级授课制下一个巨大的矛盾。

同学不仅是同一场域、同一时空的具身在场，更是智力上的相互激荡、精神上的相互映照，课堂将会因此成为智力生活与精神世界的合唱。

当老师如此认真倾听每一个学生的发言时，学生当然更愿意表达自己的想法。学生每一次发言，无论是精彩还是出现失误，对教师而言都是弥足珍贵的反馈。

当一位教师可以站在整个知识谱系当中面对教材，当一节课可以将学生带入一场浪漫的远行，当学生的思维在对话中不断被引爆，他让学生遇见的不再是知识，而是成长。

只有在课堂现场才会"遭遇"更多的可能性，只有更多的学者从书斋里走出来，走到实践中去，走到距离学生最近的地方，教学改进、教育变革才可能更深刻地触及核心地带。

你眼中的学习共同体只是学习共同体的一部分，要时刻警惕以盲人摸象式的实践来做学习共同体。

教师真的不用"教"吗？"不是教师不用教，而是不用嘴巴教。教师要用什么教？用你的身体去教，身体的课程很重要，全心全意地看着学生，听他说了些什么。不是等着他的答案来给他评价，而是要无条件地接受每一个观点。"

第一性原理告诉我们，在课堂教学改革中要用好"指南针"，因为在复杂的丛林中"指南针优于地图"；在穿越洞穴的时候，要手中有火把，还要眼中有"洞口之光"。

学习是需要学习的

XUEXI SHI XUYAO XUEXI DE

关于"学习"的研究是课改的关键领域。当我们一直努力让教更好地支持学、服务学，让学习真实发生的时候，其实，学习本身就是需要学习的。最糟糕的学习不是"不学习"，而是"错误地学习"。当教学以学习为中心陆续展开，教师只有认识了学习的规律和秘密，才能降低学习成本，提升学习效能；学生只有学会学习，才是对教师教学最生动的注脚。

一朵具体的花，远胜于一千种理念

新一轮的课程教学改革已经开启。每一次新课程方案和课程标准的发布，都会带来一次理念的迭代和观念的更新。于是，无论是线上还是线下，在不同的培训现场，"你方唱罢我登场"，理念满天飞，概念一大堆。课改是"做的哲学"，如果沉迷于理念学习，而鲜有行动，或者说行动的步伐迟缓、不扎实，就可能消解好不容易积攒下的课改热情。面对新课标，我想说，"一朵具体的花，远胜于一千种理念"。

原来的义务教育课程方案和课程标准分别于2001年、2011年制定颁布。课程改革走过20年，在解决一些问题的同时，还面临着一些新的挑战。当大多数一线教师实现了课改认知升级的时候，表现在教学实践层面，三维目标中"过程与方法"这一目标却一直陷于"失落"。

新修订的义务教育课程方案和课程标准是对教育教学现存问题的回应，也是下一个10年乃至20年课程教学改革的风向标。

以核心素养为纲，让核心素养落地是这次课程方案和课程标准修订的显著特征。这一素养导向意味着课程教学更注重课程的综合性、实践性，强调学科实践，培养学生在真实情境中解决问题的能力，着力发展学生核心素养。

核心素养这一概念从 2016 年提出直到今天一直是一个热词。有专家指出，核心素养有两大功能：一是画像功能，是对"培养什么样的人"的具体画像；二是导航功能，即一切教育教学行为、管理行为都围绕核心素养这一目标展开，无论探索哪个层面的改革，都不偏离人的发展这一航向。

那么，核心素养的培养如何落实在日常的课程教学中？

指向核心素养的教学改革必然要求一线教师提高教学站位，要"眼中有人"，秉持大教学观，才能设计出具有素养立意的超越教材、超越学科的学习方案，才能在每一堂课中看见被知识遮蔽的成长。不仅如此，教师还要能设计出体现核心素养的作业，让学生从繁重的书面作业中解放出来，这也是当前落实"双减"政策的关键所在。一旦教学中有了对人的整体观照，有了为素养而教的意识，那么整个教学就会明亮起来。

综合育人和实践育人是落实核心素养的两条重要路径。要围绕"有理想、有本领、有担当"的培养目标，聚焦学生实践能力培养，发挥综合育人价值。综合育人要求在教学设计上从课时到单元，实践育人要求学习要从听知到行知，进而悟知。实际上，实践性学习往往是综合的。

综合育人和实践育人离不开跨学科学习。新课标要求"各门课程用不少于 10% 的课时设计跨学科主题学习"。这意味着，教师在教学设计中必然要加强与学生经验、现实生活、社会实践的联系，通过整合课程内容设计"大主题、大项目、大任务"，引导学生在"做中学、用中学、创中学"，让学生的学习从碎片化的学科知识学习中解放出来，走向有关联、有挑战、有真实情境的跨学科实践。

"跨学科主题学习，不是几个学科简单相加或轮番上场，也不是各自学科独立的信息和知识碎片，而是在解决真实问题或任务过程中所需要的综合知识，包括综合运用知识技能、思想方法以及团队协作等能力。"国家督学、北京市中关村第三小学原校长刘可钦曾撰文分析，"组织教师开展跨学科教学，是学校课程改革的一个新任务。这涉及教师教学方式，更涉及学校治理方式。"

指向核心素养的教学改革面临的挑战是，教师教育教学的专业技能是否与新课标的要求相匹配。理论引领实践，观念是行动的先导。伴随着新课标培训工作的启动，一线教师需要通过学习不断用课改新知武装头脑，但是一线教师能理解到何种程度，在教学实践中能转化多少，可以说，从认识理念到转化为具体的实践之间还隔着千山万水。

课程改革的深入推进，不仅需要教师准备好热情、共识、理念，还需要准备好具体的技术；不仅需要从少数人的研究走向多数人的实践，还需要学校和区域从点到面的推进策略护航。对于新一轮的课程教学改革而言，"一朵具体的花，远胜于一千种理念"。好在无论是"教—学—评一体化"还是"跨学科学习"，在一些地区和学校都有不同程度的实践，都已经有现成的经验可以借鉴。

当然，挑战远不止这些，课改中的问题从来都不是线性存在的，过去出现过的问题在新一轮改革中依然可能出现。所以，在拥抱新理念、新经验的同时，还要敢于拥抱问题。拥抱问题，才能解决问题，才能走向教学新常态，育人方式的整体变革才能实现。

素养时代教学改进绕不过去的特点

　　面临新挑战，一些有变革意识的学校都在不同层面做出了新的探索。比如山东省潍坊市龙泉实验小学，当年采访这所学校的时候，有一个细节尽管没能写进报道，但我一直记挂着。那就是作为一所小学的校长，张永梅格外关注高考变化可能给教学带来的挑战。

　　2020 年高考一结束，张永梅就带领教师研究高考试卷的变化。研究发现，一方面高考题目题干越来越长，往往给出的是一个具体的情境，另一方面一些主观题的答案几乎就是一篇小论文。这样的发现，让龙泉实验小学教师团队更加坚定了课改探索的信心。

　　在过去几年里，面对新的教学挑战，张永梅团队以真实情境为背景，以挑战性任务为驱动，以做中学为途径，以大概念为统领，逐步探索开展学科内整合和跨学科、跨领域的内容整合，创造了一种全新的学习样态——理解力教学。按照张永梅的话说，在这样的探索中，他们为孩子打开了一个被遮蔽的生活世界。在阅读领域，他们不仅鼓励学生跳出文学性阅读，走向全学科、更多样的生活化阅读，还开始了读写思维训练。这正是新高考和核心素养背景下教育变革的方向。

尽管在通向考试的教育旅程中，学校改革的空间格外逼仄，应试教育就像打不倒的"小强"，让不少人不得不用指向考试的知识"投喂"孩子，但是在整个基础教育阶段，小学教育的变革总能给人以更多的想象和期待。

　　新时期的课改要洞察一个趋势，即素养时代的教学改革要从"以学习者为中心"走向"以学习为中心"，从碎片化的知识世界走向相对真实的生活世界。学习者不仅是学生，还有教师、家长和所有可能参与到学习中的人，以学习者为中心重点突出的是学习者的主体地位，而以学习为中心不仅要关注学习者的主体地位，还要关注学习发生的整个过程，还原知识发现的过程。这些都需要不断放大学生学习体验的过程。

　　这样的教学改进至少体现了以下几个特点：

　　一是聚焦真实性问题。真实性问题更能激发学生的学习热情，学习一旦基于真实性问题解决，就具有了一定召唤性和代入感。当把真实性问题带进了孩子的学习世界，让他们在生活中发现问题，让知识与生活建立直接联系，进而在具体的情境中引发多样化的学习，这才意味着真实学习的发生。如果说真实性问题解决是最好的学习向导，那么最好的学习就是给学生提供一个具体的生活场景。但是，"真实性"不等于"真实"，因为有些学科的学习无法在完全真实的情境下完成，"真实性情境可以无限逼近现实世界，但不代表要完全真实"。

　　二是指向综合。没有知识是孤立存在的，学生的学习也一样。当教学旨在还原生活世界真实面貌的时候，很多问题往往是跨学科，甚至是超越学科的，因此，这个时候的课程学习一定是综合的，是富有统整感的。在这样的学习中，只有跨越学科鸿沟，才能解决那些复杂的问题。走向综合的教学要有"单元站位"，要基于"大概念、大任务、大问题"对学科知识进行统整。

　　三是做中学。"做事"方式是课程实施与学习的可能方式。蒙台梭利曾说，"我听过了，我就忘了；我看见了，我就记得了；我做过了，我就理解了"。只有在观察、制作、实验、调研等充分的体验中，学生的潜能、兴趣才可能被唤醒，一个更辽阔的世界才可能打开，才更有利于促进学生找到自己成长的跑道。

四是协同学习。在解决有挑战性的任务时，一个人的力量往往是有限的，因此需要借助他人的力量，这个时候协同学习就成了一种需要，会自然发生，且变得更加迫切。解决挑战性任务没有捷径，除非参与者彼此互为捷径。如果说有挑战性的任务更能激发学生投入"高参与"的活动，那么也可以说，只有在共同体中学习才会更开放，思维才会更多元。

这些特点显然都呼应了生活逻辑，都要观照学生的生活经验。正如有学者所说的，从注重学科逻辑走向关注生活逻辑，是当前教学改革的重要风向标。其实，学习一旦走向生活，便走向了体验，走向了协商和探究，学生的学习便自然打破了既有的边界。新时期的教学改革要围绕生活为学生编织一个全新的学习世界。因此，真的改革不能为了某种理论或学说去塑造学习，而应基于生活、为了生活重塑学习。

整体化学习是实现课堂转型的关键

互联网让我们不自觉地陷入了在碎片化时间里忙于碎片化学习的窘境。与生活中的碎片化学习一样，课堂教学中也存在这样的痛点。

课堂教学一直缺少基于全局性思维的整体设计，一直存在"只见树木，不见森林"的碎片化学习，教师碎片化地教，学生碎片化地学。

新修订的课程方案和课程标准的重要特点可以概括为"实践育人""综合育人"。这就意味着学习要从学科逻辑走向生活逻辑，教学既强化学科内的整合，使知识结构化，也倡导跨学科整合，使知识彼此间建立有机联系。

学习是从整体到细节，再从细节回到整体的过程。面对一堆知识，能建立结构和网络，将不同的知识关联起来，是深度学习的一个重要体现。

从新的课程观出发，课堂教学改革的重要风向标就是从碎片化的知识点教学走向基于大单元的教学设计。大单元教学设计是以大概念、大问题、大任务对学生的学习内容进行整体设计，不仅包括内容整合、课时整合，也包括学习方式整合。整合后的大单元是一个有机整体，因此教师对学科知识结构、能力结构、逻辑结构有了全面把握后才能进行整体设计。大单元教学意味着教师要从研究教程走向关注学程，意味着教师要完整地教，学生要整体地学。

与大单元教学呼应的是整体化教学。山东省胶州市第十七中学校长刘乃志的"整体数学"教学就是这样的典型案例。刘乃志秉持"教师的教学要让学生经历完整的数学学习过程，把部分放到整体系统中去"的理念，推出了"章节起始课"，构建了"数学导游图"，让教师跳出以数学教数学，让学生走向整体化学习，增添了学生对数学学习的掌控感。

探索整体化教学的成功案例还有很多。比如，数学特级教师张宏伟的全景式数学，是以数学世界历史文化为基，对部分课程内容进行大模块跨域整合，丰富、创新了数学教学方式，努力建设以"人"为目的、指向全人的数学教育。比如，语文学科中的"整本书阅读""学习任务群"都是整体化教学的体现。

与大单元教学对应的是整体化学习。当学完一部分知识，无法建立起知识网络时，它就是碎片化的。整体化学习不是知识的简单拼装，而是对知识深加工的过程，是让知识从低结构走向高结构的建构过程。整体化学习就是让学生能站在高处俯瞰知识点之间的关系和作用，让学生的知识学习更为丰富、全面和完整，从而洞见知识的全貌。在这样的学习中，学生更容易学会迁移、转化、应用。

整体化学习的课堂将体现"三高"，即高参与、高观点、高认知。所谓高参与，是学生都能积极参与到学习中来。这种高参与不仅是眼、耳、口、手等身体的参与，还是情感、意志等全人格的参与。它需要心理安全的课堂环境，每一个学生都可以安心地说出自己想说的和不懂的。当然，学习者不只是单纯的学习"参与者"，更是所学知识的"创造者"。所谓高观点，是用上位的大概念来诠释事物或知识，站在更高视角、更大结构之上关联知识，让知识融会贯通。所谓高认知，即打破思维界限，提升认知水平，看课堂上是否有更高水平的认知活动发生。

走向整体化学习的课堂必然给教师带来一系列挑战。教师需要自我追问：课堂上还存在"零碎问"的现象吗？教师是在完整地分配学习任务吗？学生是在完整地展示吗？教师是否给学生提供了发现知识关联和结构的支架？

整体化学习是实现课堂转型的关键。学生是知识和意义的主动建构者，解决实际问题时一定是各种知识综合运用的结果，因此课堂教学要从碎片化的设计走向系统的单元设计。走向整体化学习，就是让学生完整地学、结构化地学、可见地学、深度地学。

整体化学习的升级版本就是让学生在做事情中学习。正如教育部基础教育教学指导委员会副主任张卓玉所说，整体化学习的核心在于学习起点的变化：要解决的一个问题，或要做的一件事。

变革之旅道阻且长，行则将至，行而不辍，未来可期。如果越来越多的教师投身践行全新的学习方式，如果学习逐渐转向以做事情为中心，学生做完整的事，完整地做事，那么核心素养将在这样的学习中有效落地。

开启以学习为中心的"学改"之旅

据说，最先提出"园丁说"的是瑞士教育思想家裴斯泰洛齐。他把教育比喻为"园丁的艺术"。他认为，即使是一粒极小的种子，其内部也蕴藏着树的全部属性，"园丁对于树木的实际生长不能有所作用，生长的原理存在于树木本身……教育者也是如此，他既没有提供生命，也没有提供呼吸，他只是看守着，以防任何外部力量的侵害或干扰"。裴斯泰洛齐意在强调教育者要正确看待儿童的内在发展，要尊重其发展的自主性和能动性。

这与核心素养导向下教学转型的理念高度契合。那就是教学变革要从"教的频道"转向"学的频道"，教学变革的所有因素都要指向以学生的学习为中心，也即以学习为中心展开教学变革。这一理念强调"学为目的，教为手段"，强调教的秘密要由学的秘密统领，换句话说，让学统领教是对教学本质的再认识。

课改的核心是学改而非教改。有人说，没有人可以教会另外一个人，如果你教了，他会了，不是因为你教了，而是源于他学了。因为教可以支持学、促进学，但永远无法决定学，教永远是为学服务的。所以，对于学生而言，"只有学才可能会"。教与学是教学的一体两面。如果只研究教，而忽略了对学的研究，就像"赢得了一场战役，却输掉了整场战争"一样。课堂改革只有有效回应学生学习的困境，才能触及教学的核心地带；教师只有深刻把握了学生的学习历程，才能发现学生的真实困境和学习需求。

华中师范大学陈佑清教授倡导"学习中心教学"，给我们带来的启示是，伴随着义务教育阶段新课标的实施，中小学教师要真正开启"学改"之门。

以学习为中心是核心素养时代需要秉持的一种教学立场。这一立场就是要遵循学习的规律，坚持"以学定教、不学不教、少教多学"，意味着学改不仅关注"学"，还要关注"习"，即从打开学习暗箱的角度，构建完整的"学"与"习"高度融合的学习体系。

就学习方式而言，以学习为中心的教学重视学生的自主学习、合作学习和探究学习，但以学习为中心不是以自主学习为中心，也不是以泛在的、统一而粗放的合作探究为中心，而是指向学科特色的多元学习方式的整合。学生可以基于学习需要选择适合和喜欢的学习方式，在这样的过程中，学习的路径更清晰，也更精确。

就学习内容而言，以学习为中心的教学不是以知识学习为中心，而是以核心素养培育为中心，以问题解决为中心。这就要求学习内容要结构化统整。新课标背景下，以学习为中心就是坚持素养导向，突出学科实践，指向真实情境的学习；就是以大概念、大任务、大单元为中心。这也意味着"学习是需要设计的"，以大概念统领，以大单元呈现，以大任务驱动，用学习逻辑来缝合基于学科逻辑与生活逻辑的知识，让学生在学习中建构"专家思维"。这样的学习会使课上的正式学习与课下的非正式学习贯通起来，这样学到的知识才是可迁移的知识，可以更好激发学生投身学习的热情，可以促进学生在挑战中学习、在创造中学习，可以增强学生在学习过程中的价值感和意义感。

以学习为中心不等于以学习者为中心。如果说以学习者为中心强调学生主体地位，旨在促进学生想学和学会的话，那么以学习为中心则强调学生会学，是学习的深化。以学习为中心不仅要关注学生知识的增长，还要关注学生学习力的增长。学习本身是需要学习的，指向实践的学习需要学习力的准备，学生要具备一定的专注力、阅读力、提问能力、合作能力等，还要善于使用思维工具来使学习更高效。

总之，新课标呼唤教学转型，呼唤以学习为中心的教学变革。

逆向设计确保"教—学—评"的一致性

    课改人需要对问题保持高度的兴奋和敏感。比如，以往教师的教学设计通常是先考虑教学过程，再考虑学生的学习评价。这样的教学设计，我们日复一日，月复一月，年复一年，从来没有感觉有什么问题。现在有一个叫作"逆向教学设计"的概念来了，这让过去教学设计存在的问题暴露无遗。

    逆向教学设计与传统教学中的正向设计相对应，是当下教学实践中的一种新方法。它源于美国威金斯和麦克泰格所著的《追求理解的教学设计》一书。作者认为，逆向教学设计旨在避开传统教学设计中的两大误区——基于活动的教学和基于灌输的教学。"活动导向的教学设计"问题在于"只动手不动脑"，缺乏对存在于学习者脑中的重要概念和恰当的学习证据的明确关注；而"灌输式教学"则使学生淹没在无休止的事实、观点和阅读中，很少或根本感受不到能促进学习的总结性观点。

    逆向教学设计可以破解的问题更多指向目标的泛化与尴尬，传统教学中目标的尴尬主要表现在以下两点：一是不经意间将三维目标写成了三个目标，目标多且不具体、不聚焦，因此目标需要瘦身，要更清晰；二是目标不可测评。

这的确是课堂教学中的鲜活的"实存"。这意味着，新时期的课堂教学改革要指向"教—学—评"的一致性，将课程标准、评价任务、学习过程一一对应，一致性越高，则教学效益、效果提高的可能性越大；也意味着课堂教学改革要从目标出发，再回到目标上来，让目标更清晰，让教学始终不忘"回家的路"，让教师的教是基于目标的教，让学生的学是基于目标的学。

逆向教学设计这一方法打破了过去教学设计的"刻板印象"。它追求的是基于"理解"的教学，其关键和精髓是"建立知识间的联系，并将知识迁移到新的环境和挑战中，而不仅仅是知识的回忆和再现"。

逆向教学设计就是聚焦"以终为始、评价先行、学为中心"。"以终为始"，即"从终点——想要的结果"开始，将教学设计的三个环节——确定学习结果、评量学习设计、制订学习计划有机统一起来，实现"教—学—评"的一致性；"评价先行"，旨在解决学会什么的问题，评价标准确立了，教什么、学什么的问题就不会跑偏；"学为中心"是逆向教学设计的重要理念，旨在通过任务驱动创设真实的生活情境，促使学生参与探究活动，提升学习迁移能力，为学生提供理解概念的框架，帮助他们理解一些零散的知识，并揭示与内容相关的大概念。正如上海市进才中学东校校长郑钢撰文指出的，逆向设计将仿佛"莫不可测"的课程标准转化为基于大问题、大概念、关键问题、持久的理解等一系列方法和支架，促进教师洞察知识的形成过程，促进教师将课程标准转化为课堂教学行为，提升课堂教学设计能力。

那么，如何在实践中把握好逆向教学设计呢？山东省潍坊市教育科学研究院孙俊勇指出，教学设计的境界不会因为使用了逆向设计就"天下无敌"，除非关注并解决好逆向设计的九个关键要素，即系统思维、关注学情、追求理解、寻找证据、设计任务、制定标准、明确方向、搭建框架、深度探究。其中，设计任务主要指对各学习任务进行整合，创设出具有综合性、挑战性、实效性的"大任务"。学习任务是由形成性任务和总结性任务组成的，贯穿于整个学习过程。形成性任务是为了对学习过程进行评估，为学生提供指导，以帮助他们为完成最终任务做准备；总结性任务代表的是一项总结性评估，代表学生在一段教学结束时所知道和能做的事情。

深圳市福田区红岭实验小学执行校长臧秀霞在文章中则给出了做好逆向设计的三把钥匙，即理解本位的目标设计、真实表现性任务主导的评估设计、探究主导的学习经验设计。要掌握这三把钥匙，表现性任务的设计是其中的"硬核"能力。

伴随着义务教育新课标的颁布，新一轮的课程教学改革已经开启。课堂教学从"为知识而教"走向"为素养而教"，课堂上不仅要学有目标，学有方法，还要学有深度。教师只有不断储备新知，借助更多工具，才能更好地协助学生做好"学习迁移"。期待更多一线教师能借力逆向教学设计这一方法，洞开真实性学习和深度学习的大门。

"新学习时代"的挑战

疫情阻挡了学生前往学校的脚步,却无法阻断学生的学习。随着疫情的发展,应势而生的"停课不停学"让我们正在经历一次史上最大规模的在线学习。虽然居家在线学习只是疫情之下的权宜之计,但它正催生和倒逼着"新学习时代"的到来。

所谓"新学习时代"就是学习在云端,师生在信息技术环境下完成一种"学教翻转",让学生成为风景,教师成为背景,让教与学所形成的超越个人经验的数据更好地支持教学改进。

毫无疑问,如火如荼的在线教学是对教师信息技术素养和学生自主学习能力的一次集中检验。我们看到,有的教师转身变成了备受学生欢迎的"网红",但另一些教师则遭遇了诸多不适应——有教师把在线教学变成了简单的课堂搬家,直接把教学内容从线下搬到线上,还有一些教师在开设网课方面成了典型的"学困生",各种"翻车"现象层出不穷。

总之,在这种低控制的学习环境里,尽管教师不遗余力地备课、上课,但各种意料之外、旁逸斜出的怪状接踵而至。有网友调侃说,全民网课"累坏了学生,忙坏了教师,急坏了家长"。

但是，倘若换一个角度看，这次疫情大考也是教学改进的一次契机。随着"新学习时代"的提前到来，我们有必要重新认识三个词。

一是慢学习。谈"慢学习"这个概念，是因为我们早已被快节奏的生活裹挟而不自知。考试加剧了学业竞争，使得学生不得不快速阅读、快速记忆、快速刷题。学生的学习生活一直在加速，但真正的成长怎一个"快"字了得。这种快节奏的学习不仅导致了学生负担过重，而且使学生付出了巨大的学习成本。爱因斯坦曾说，负担过重必导致肤浅。教育所提供的东西应当被学生作为一种宝贵的礼物来接受，而不是作为一种艰苦的任务去承担。

疫情之下的居家生活就是送到学生面前的一个"礼物"。当所有人的生活开始慢下来的时候，学生的学习同样可以慢下来，慢下来的学习可以看到更多知识之外的风景。无论是家长还是教师都需要在这次疫情生活里学会等待，等待学生经历一种慢学习的过程。

没有人会反对在快速变化的时代需要慢养孩子这一观点。但慢下来的学习生活不是简单重复，而是积蓄热情和兴趣。我们期待这次大规模的在线学习能够慢下来，别让因为赶教学进度再次撕裂孩子这段难得的可以慢学习的生活。

二是自学习。教学的本质归根结底是学习的本质，学习的本质归根结底是自学。自主才是王道，一切学习都是"自主+"的结果。居家在线学习更多是靠学生自主完成。"停课不停学"，如果教师不把"教"减到最少，把"学"无限放大，就可能成为一种对学习的干扰，如果教师的在线教学依然迷恋于过去课堂上的灌输，那么这次居家学习将成为一场比上学更可怕的噩梦。

我们强调"自学习"并不是有意否定教师的指导作用，而是让学生学会从他律到自律、从自律到自觉。学生的大脑需要主动去"觅食"，而非一味地让教师喂养。请将我们的网课大量"留白"，让教师不是教，而是答疑；不是灌输，而是让学生自主选择、自主发现、自主建构，让这次居家在线学习成为促进学生自我教育的契机。

三是搜商。就像我们关注智商、情商、财商一样，在互联网时代，我们还要关注人的搜商。互联网在方便人们生活和学习的同时，也拉大了人与人之间的知识鸿沟。尽管我们都面临着同样的网络世界，但每个人通过搜索却在消费着不一样的信息资源。今天，你的搜商影响着你的优秀程度。优秀的教师不是凡事都自己开发、录课，而是做借智借力者和资源的整合者，在给学生提供更多优质学习资源的同时，也教会学生去利用网络搜索有价值的信息。

网络学习是不可逆转的趋势，在线学习里藏着教育的未来。希望"停课不停学"能成为教与学改革真正的拐点，也能成为"新学习时代"的起点。

"新学习时代"迎面而来，无论是思想还是技能，作为教师你准备好了吗？你是否需要补课？当教师以课改精神主持在线学习，当"慢学习、自学习、搜商"成为在线学习的应有之义，这将是疫情期间在线学习的正确打开方式。

疫情之下，当课堂正在"变大"

疫情是一次考验，也是一次照见。有人将 2020 年定义为全民网课元年。当"停课不停学"让网课突然闯入我们的生活，它不仅考验着学校过去装备的"硬核技术"是否过硬，考验着教师是否能顺利实现课程设计师和"在线主播"的角色转型，还考验着学生自主学习习惯和能力的养成程度。

考验之外还有照见。疫情照见了在线教学新秩序里的温暖、创意、乏力与忙乱，当然还有就此产生的以学习为中心的全新思考。

疫情让不少教师被动投入到新技术的应用中，这无疑成了一次新学习时代的集体预演。在线教学让教师和"教师的教"暴露在网络之下，其缺点和优点一样都会被无限放大。

当疫情改变了既有的教学秩序，自然加速了人们对学习时间和空间的重塑，学习无处不在，课堂从点状改革走向了系统改革，开始变得更立体、更综合、更具贯通性。所谓"世界即教材，学习在窗外，他人即老师"的愿景在课堂整体走向云端的这一刻全实现了。

走向云端的课堂是"正在变大的课堂"，它至少体现在以下三个方面。

一是课堂的边界加速位移并愈加模糊。大规模发生的在线教学让课堂既有的秩序、边界被打破，课堂变得更大，更不可控。首先是既有的空间被打破。信息技术环境下，课堂不只是存在于教室那一方物理空间，云课堂让人与人之间的交互、连接更容易发生，而线上与线下的赋能共振，自然使课堂变得更大。

其次是既有的课时被打破。在线教学一方面要求教师不得不打破既有的课时，课时将被切分得比原来更短，以便学生保持一定的专注度；另一方面核心素养背景下的项目学习，又使课时更具伸缩性，一些大容量、大板块的主题学习必然使课堂时间拉长，确保学生经历相对完整的学习。

最后是既有的教学结构被打破。在线教学要求"教"尽可能减少，而"学"则尽可能放大，甚至使"学教翻转"成为常态。与此同时，教法与学法都更加多元，更指向个性化，这些都使课堂的边界不断拓展。

二是学科之间从封闭走向综合。基于真实问题解决的学习和全学科育人理念，让学科综合成为趋势。过去，教师都在自己的学科里忙碌，不敢也不愿越雷池半步。今天，每一堂课、每一个学科、每一位教师都不可能将自己活成一座孤岛，彼此孤立、缺乏协同的教学已经难以形成更加深刻的思考，也很难形成更完整、更高结构的知识谱系。

"你的数学是体育老师教的"曾一直被作为段子调侃，未来这将是学科融合背景下学习的新常态。但是，华东师范大学教授李政涛曾提醒，所有的"综合"依然是以各种学科视角、方法的独特和独立存在为前提的综合。在这个过程中"不断突破原有学科边界，在跨界交融中形成新的边界"，这一观点厘清了对学科综合的根本性认识。

三是生活本身就是一本教科书。过去活跃在纸上、网上和口头上的"生活即课程，世界即教材"的理念，这一次让师生都感受得如此真切。疫情，让当下的生活成了一堂"人生大课"，不少学校借此开发了一系列喜闻乐见的"好玩课程"。同时，近年来教育部倡导的研学旅行，使学生带着课程思维去旅行、去远方，实现了知与行的统一，实现了读万卷书与行万里路的协同。所有这些都意味着，如何让课堂变大是课堂改进的一个重要线索。

当课堂正在"变大"，作为教师，我们不仅要从学生出发，从学情出发，还要从生活出发，让课堂成为一个汇集美好事物的聚集地，成为一个创造更多选择机会的学习场；当课堂正在"变大"，教师将面临更大的挑战，因为优秀的教学从来不能降格为技术，未来教师将成为善于跨界学习的"T型人才"，即在知识层面既要有足够的宽度，又要有足够的深度，每一位教师都需要在自己原有的领域里向外跨出一步，跨出一步就将跨出新的可能，跨出不同的风景；当课堂正在"变大"，课堂将成为一个平台，教师、学生、家长、志愿者都能成为"教和学"的决策者，都能成为教学的建设者和研究者，为教学赋能；当课堂正在"变大"，希望疫情所带来的一切阵痛、焦虑、遭遇，都能转化为积极的改变。尽管改革是一条长路，但是，当越来越多的教师主动加入改变者的行列，当"变革"不只是"少数人的狂欢"的时候，则改革可期，教育可期！

课堂改革必须回应学生的学习困境

有人说，课改的核心是改课，改课的核心是改学，改学的核心是改法。但现实却是，我们很少谈学习方法的问题。如果课堂改革不能及时回应学生的学习困境，那么，他们就会在日积月累的"不懂""不会"中沦为"貌似认真的虚假学习者"或"问题生"。

什么样的学习方法才是好方法？改法的密码是什么？如何才能让学生科学地学、简单地学、高效地学？

三年前，就在距离中考不到一周的时间，我走进了河南省虞城县天元中学。在这所学校，我看到了一个堪称玩转学习、玩转考试的经验。

距离中考还有一个多月的时候，天元中学临时组建了一个中考冲刺班，全班 34 名学生是从初三各班成绩中等以下的学生中挑选的。按照董事长杨凡的说法，这些学生都是升入普通高中希望不大的学生。但是，短短 40 多天的集中学习，这个临时组建的班级，学生平均成绩提高了 80 分以上。这不能不说是一个奇迹。

带着好奇和怀疑，我走进了这个班级。担任这个班班主任的是丁建德老师，他一个人教该班语数英理化政史 7 科课程。当然，他还有两名助教，协助他日常的教学管理。

千万不要先入为主地认为这是典型的应试教育。这里的实践隐藏着并不多见的"学习的秘密"。深入听了两节课后，我发现这个班级其实并不神秘，成绩能够迅速提高，是因为这里的教师不是教师而是教练，真正实现了"少教多学"，真正体现了不包办、不替代，而是让学生自己去发现，实现了教师在课堂上的准确定位；学生的学习遵循了很多符合学习规律的方法，他们有一整套科学学习法让学生的学习更高效。

让我们一起来发现他们学习背后的秘密。

一是将班组文化转化成了一种生产力、学习力。

这个临时组建的班级有一个充满感召力的名字——"黑鹰战队"，于是，"鹰"自然成为班级的精神图腾，班主任与学生一起挖掘并践行鹰的精神。他们的目标非常清晰，就是迎战中考。一个班级就是一个团队，团队中的每一个人相互支持、搀扶、共进，他们可以如此不离不弃。在班级文化之外还有班规，在这里叫"班法"，"班法"是神圣不可触犯的，没有人可以凌驾于"班法"之上，师生都在"班法"之下学习、工作、生活。班主任丁建德说，"班法"是用来敬畏的，而非用来试错的。这个有着鲜明团队愿景和组织精神的班级就这样创造了他们学习的奇迹。在与学生座谈时，我发现他们不是暮气沉沉的厌学者，而是眼里有光的积极向上者，我听到了他们太多精彩的、触动人心的表达。我想这样的表达力一定不是丁老师培养的，而是在这个独特的场域里被逐渐唤醒的。教育即唤醒，这一理念在这里得到了有效印证。我同样在采访本上写下了这一句话：课改与班改深度融合，让班级有魂，让班级精神站立。

二是让错误成为最好的学习资源。

让学习有法，让错误发生，为思维而教，为思维而学。这是在听课过程中，我清晰地感受到的课堂特点。展示，是他们重要的学习方式，这里的展示有三种方式：宣讲、论战、策问。过去常见的课堂展示可能重在结果呈现，而"宣讲"的含义重在发现，重在思维过程；"论战"重在质疑、生成，重在思维碰撞；"策问"重在答辩，重在梳理提升。课型不同，展示形式及重点也不同。

值得关注的是，利用错误是他们最常用的一种学习方式。针对学生展示后暴露的错误，他们有一个特别的环节——分享。分享就是对展示问题线索原先不明白、思路不清晰的学生，要求找两个同学讲两次。原来"展示"后潜能生处于似懂非懂的状态，现在借助"分享"让其彻底明白，思维得以提升。实际上，真正的成长就是在错误发生时。而丁建德带领他的学生在利用错误这个学习资源上可谓做到了极致。对于学生来说，学习时要做到"有错必纠，有疑必究"，善待错误就是善待成长，错误来了，成长的机会也就来了。

三是综合学习工具和学习方法运用，解决了学生会学的问题。

丁建德在带领学生建设完班级文化后，接着做的就是培训学生科学学习法的运用，快速阅读、高效记忆、灵感写作、知识编码与建模、思维导图、整体化学习等，这些学习方法很快改变了学生的学习常态。比如，他们的灵感写作，没有了过去写作文时的程式和套路，而是鼓励学生用"意识流"的方法自由写作，真正做到了"我手写我心"。比如，整体化学习的运用，让学生从知识的丛林里走出，逐渐在大脑里搭建自己的"知识地图"，让所复习的知识纲举目张，也让学生的复习先见森林，再见树木，复习更清晰、更轻松了。

"这些学生大多是学困生，要么缺乏学习动机，要么缺乏学习信心或学习方法，总之，他们需要被赏识、激励和唤醒。"丁建德说。是的，课堂改革必须敢于回应学生的学习困境。而在这个班里，如果说班组文化一定程度上解决了学生学习"欲"的问题，即想学的问题，那么，丁建德的科学学习法则破解了学生不会学的问题。一系列学习工具和学习方法的整合性运用，贯穿学习全过程，实现了转知成智。这一切让学习有法可循，让思维清晰可见。

学习的"最初一公里"与"最后一公里"

十年前在一所小学采访时，一堂"学习方法交流课"引起了我的注意。那堂课是由学生主导的，先是以小组为单位总结一周来成功的学习方法，每个小组梳理出1~2个，然后在全班分享。教师主要负责点评和方法的再凝练。这样的课每周一节，成了提升学生学习品质的重要支持。

三年前到山东省聊城市东昌中学采访，该校围绕"学改"构建的两大课程让我眼前一亮。一个是"心三力"课程，即心智力、内驱力、自控力；一个是"脑三力"课程，即思维力、高忆力、快读力。这两大课程体系很大程度上保障了学生的学习热情和"学习力"。

正是这样的实践案例不断加强着我对构建"学习学"的认识。尤其在当前落实"双减"政策背景下，帮助学生学会学习，显得格外重要，这也是学生投入高质量学习的重要端口。"双减"落实到课堂学习中，不仅仅是可见的作业量的"减"，更为重要的是学习兴趣的"增"，学习方法的"增"。学习是一场马拉松，起步阶段要解决动机问题，决定能否走到终点的还有很多因素，比如学习方法。对于缺少学习兴趣又不会学习的学生而言，"减负"可能就是一个伪命题。如果说激发学生学习动机是课堂学习的"最初一公里"，那么帮助学生学会学习，不断越过学习障碍，则是打通课堂学习的"最后一公里"。

海德格尔提出过"让学"思想，一个"让"字奥妙无穷。他说："教难于学，乃因教所要求的是：让学。实际上，称职的教师要求学生去学的东西首先就是学本身，而非旁的什么东西……他得学会让他们学。"苏霍姆林斯基也曾说："小学阶段面临着许多重要任务，而其中占据首位的任务就是：要教会儿童学习。"学习不只是一种意识，更是一种技能。技能自然需要通过训练才能习得。北京中关村三小校长刘可钦也曾说，"学习是需要学习的"。这一观点我深以为然。这意味着"学本身应成为学的对象"。

学习不仅需要知识基础，还需要学习方法作为基础。有人说，"最有价值的知识是方法的知识"。北京四中已故数学特级教师周长生也曾说，"除了教会学生自学，没有任何办法可以提高老师的地位"。学习不只是为了取得一份知识的行囊，让学生学会学习才是打开一切未解难题的钥匙。

当前，课堂教学改革的一个重要方向就是从"教学论"向"学习论"转变，从知识结构向认知结构转变。遗憾的是，学会学习依然是"失落的一角"。学会学习不仅包括学习动机的激发、学习态度的树立，还包括学习方法、学习策略的支持，学习工具的使用和学习习惯的培养。学习的秘密在于主动学、自主学、有方法地学。对于学生而言，提高学习能力远比学习一门学科知识更重要。开学第一课比直接上正课更重要的是，激发学习动机和兴趣的同时，教给他们本学期学习中常用的学习方法。

学习方法分为公共学习法和学科学习法。这里重点说一下公共学习法。比如如何提问、如何倾听、如何表达、如何合作、如何讨论、如何整理、如何记笔记等，都需要有专项的辅导练习。近年来，一些学校开始从学习科学角度推出了一些全新的课型，比如"提问课""讨论课""整理课"等。这些课能更好地支持学生找到适合自己的学习方法。

做学习计划是学会学习的重要内容。有学校就将"有计划地做事情"

纳入学生黄金习惯培养序列，有计划地学习自然是其中的应有之义。并不是每个学生都懂得规划自己的学习，也并不是规划了就能有效落实，所以，学习需要规划，更需要做好对规划的管理。比如，长计划需要短安排做支撑，我们可以借鉴微量思维，将任务拆解，即为自己设立小目标，然后去逐步完成。这样的方法更容易降低启动成本，用一个小目标的完成串联起下一个新目标。一项计划一旦能有效确保每一个小目标顺利实现，那么，一个个小目标的实现就可以积累成就感。目标要小而具体，要把实现具体的结果作为目标，而不是实现某一个行为。比如，"今天我要做作业"这个计划就没有"今天我要做完数学作业的前 5 道题"这个计划更具体可测。在做计划时，这种从 0 到 1 的启动很重要。

在高效学习法中颇受关注的学习方法就是"费曼学习法"。费曼学习法的第一步是确定目标，选择一个你想学习的概念。第二步是模拟教学，制造一个场景，将概念讲给他人听。这是费曼学习法的核心。第三步是查漏补缺，重新学习，当你无法解释时，重新回头找答案。第四步是简化，用自己的话重新转述一遍，简化就是直接找到问题的本质。

费曼学习法的秘密就是输出，用输出带动输入，通过讲给别人听完成知识的缝合。我们熟知的课改名校山东杜郎口中学，以展示为典型特征的高效课堂模式就是费曼学习法发生在学校里的鲜活的实践样本。

工欲善其事，必先利其器。高效学习离不开工具的使用，主要体现在思维工具、学习工具方面，比如，六顶思考帽、思维导图、韦恩图、康奈尔笔记法等。就拿康奈尔笔记法来说，它将记与学、思考与运用相结合，使笔记经主栏、线索栏、总结栏的分割变得更加清晰，仅仅是用几条线把笔记本分区记录，一下子就提高了记笔记的效率。

好的教育不是授之，而是遇见。一位好教师就是不断让学生遇见好的方法，然后结合学生的学习风格和学习兴趣，协助他们形成自己独有的学习方法。这是学生成为自主学习者和终身学习者的关键一步。

从"授之以渔不如直接要鱼"说起

每一个阶段，教育人都需要不断走出自己观念的"洞穴"。

几年前，采访河南省汝阳县圣陶学校创始人王天民时，他说的一句话我至今印象深刻。他将我们常说的"授之以鱼不如授之以渔"这句话做了新的发展，即"授之以渔不如直接要鱼"。

这句话一下子吸引了我的注意，从某种程度上打破了我们既有的认知局限。我们通常的理解是，鱼即知识，教给学生知识不如教给他们方法。但是，王天民校长的观点是，方法也不给学生，而是只给学生一个具体的任务，让学生在任务解决过程中总结自己的方法。

"直接要鱼"就是给学生一个真实性任务"抓到鱼"。教师不给方法，不给指导，如何抓到鱼，使用什么工具抓，是一个人独立抓还是一个团队结对抓，自己去思考、判断或通过讨论共同制订抓鱼方案，最终在不断试错和对比中总结出抓鱼的最优方法。

已经80多岁的王天民先生的这一朴素理念与当前基于素养为本的教学改革不谋而合，旨在通过设计走向真实的大任务来重塑学习内容，让学生从"学以致用"走向"用以致学"。

"直接要鱼"是一个很好的项目学习的隐喻。我觉得至少有以下三个方面的价值值得关注：

　　一是任务具有真实性、挑战性和召唤性。新时期的教学设计一个重要策略就是情境化，即创设真实问题情境。通过创设一种真实的问题情境，让学生对知识产生的过程和原初状态进行还原，让学生经历知识的再发现过程。如果说知识就是鱼，那么生活就是水。离开生活，知识就会变成死鱼。因此，走向深度学习一定是将知识放置在生活中，或者是从生活中提取相关的学科知识，让知识保持鲜活。总之，真实性就是要走向生活与学科的双向融合。

　　挑战性即在真实的、具有挑战性的环境里，做挑战自己大脑的事情。召唤性意味着参与性，一个学习任务具有召唤性，才可能有学生的高参与度。假设性的任务缺乏召唤性，挑战性过高也不具有召唤性。所以，就一个具体的学习任务而言，是否具有召唤性是一大挑战。

　　二是在解决问题中实现多元学习方式的综合运用。我们通常所说的课堂教学的"三维目标"——知识与技能、过程与方法、情感态度与价值观，在具体的教学实践中总是顾此失彼，尤其"过程与方法"目标长期沦为"失落的一角"。如何让"过程与方法"成为教学中逐步凸显的一环？"直接要鱼"无疑是一条重要路径。"直接要鱼"获取的不是间接经验，而是直接经验。在解决"抓鱼"这一实际问题过程中，独立思考、协同学习、体验式学习、反思性学习、使用工具学习等众多学习方式自然实现了综合运用。在学生完成这一任务的过程中，知识本身和学会知识的方法自然都能掌握，学习素养自然能得以提升，在这种综合性、整合性学习中才能更好地实现育人目标。

　　三是认识学习中"有效失败"的意义。在真实性问题解决中，目标、方法、动机总是处在变化中，因此问题解决不可能是一帆风顺的，甚至会遭遇多次失败。在"直接要鱼"任务中同样可能遭遇失败。但是，遭遇失败的学习恰恰为情感体验的升华和走向深度学习创造了更多可能。遭遇失败恰恰可能把学生的思维带到他们从未去过的地方。正如美国教育学者马努·卡普尔提出的"有效失败"概念，学生短期学习表现可能不佳，但失败的经验激活了学生的先前知识，促进了内在学习的发生，从而获得较好的长期学习效果。与"有效失败"对应的还有"无效失败""有效成功""无效成功"三个概念。无效失败指不仅短期学习表现差，而且长期学习效果也差；有效成功指不仅短期学习表现好，而且长期学习效果好；无效成功指短期学习表现好，但是长期学习效果差。现实中，人们总是见不得眼前的失败，更等不及未来的成功。

在任务驱动中遇见真实学习

　　有没有一种教学可以让核心素养的教学转化得以有效落地？有没有一种教学可以助力学生学会自学，实现"教是为了不教"？有没有一种教学可以实现"教、学、做、玩"的合一？有没有一种教学可以协助教师从研究"教"的专家转变成为研究"学"的专家？有没有一种教学可以实现教学内容整合与教学方式变革的有机统一？

　　严育洪老师的行动研究成果"任务驱动式教学"对此做出了很好的回答。这一成果不是坐在书斋里研究出来的，而是严育洪老师与一线教师一起在教学田野里深耕出来的，它携带着一线教育理想者和行动者的体温，是可落地、可迁移、可推广的成果。

　　有人说，一流的教师教状态。学生学习的状态好了，学习的结果自然会更好。那么，积极的、专注的、协作的学习状态如何才能出现？一个重要的前提是，学生能够遇见感兴趣的问题或任务。显然，"任务驱动式教学"可以做到这一点。

　　任务驱动式教学尽管一直是在数学学科里实践的，但实际上，其中的理念和方法适用于各个学科，并且已经从数学学科走向了跨学科的学习实践。它不是单纯的项目学习，但有时候某个任务就是一个具体的项目；它不是单纯的游戏化教学，但通常任务里融合了游戏元素。

它不仅仅是一种教学法，它是囊括了课程、教法与学法的学科课改成果。在任务驱动式教学中，教师不再是一个知识的"二传手"，移花接木或做知识的拼盘，而是一个基于探究性、体验性任务的设计者。

这一成果重新定义了学习任务，这个任务可以是一个知识性的任务，但更多时候，是具有挑战性、开放性、探究性的任务。它可能是一个研究项目，可能是一个体验式活动，也可能是一个好玩的游戏，这样的任务往往是基于真实问题的解决，并且是能直击学科本质的任务。当封闭性的问题变成了开放性的任务时，具体的学科知识便可能与生活发生更多联系；当有意思的任务能深深吸引学生的时候，学习自然由被动走向主动；当任务具有挑战性的时候，自主、合作、探究性学习会自然发生；当学生开始在探究、协作中体验到学习快乐时，学生便从知识的消费者成为知识的发现者和生产者、创造者。

任务驱动式教学是陶行知先生"教学做合一"理念的有效实践。陶行知说，在做中教才是真教，在做中学才是真学，教学做是一件事，而非三件事。这一点在任务驱动式教学中体现得很充分。

任务驱动式教学最核心的部分就是任务设计。它需要教师带着设计思维重构教的内容与学的程序，需要教师成为一个研究者、设计者，学生学习的支持者、协助者、欣赏者。教学是一件具有研究含量的工作，不能沦为一种体力劳动。这种任务驱动式教学把教师从单调、繁复的体力劳动中解放出来，走向脑力劳动，也让教学变得更有趣，让预见更多未知的精彩成为可能。当教学真正成了一种创造性劳动时，这一创造性劳动也必然促使教师之间真正形成协作关系。但这样的教学对教师来说是一大挑战，教师只有成为学生研究者、学习研究者，才可能设计出更有针对性的学习任务。

在我看来，严育洪老师的任务驱动式教学是"课堂革命"的一种实践样态，但这一样态不是停留在单一技术层面的微创新，而是基于对数学学科系统的、整体的、综合的探索。当教育领域的单项改革过度时，必然导致教育黑洞的出现。而"任务驱动式教学"对教学实践的全景、全息观照给了我们很好的启示。

真正的课堂变革一定伴随着观念的翻转。只有观念发生了转变，才可能改造一种旧秩序，开启一个新世界。这个观念就是从师中心转向生中心，从教中心走向学中心。但仅有这些还远远不够，它必然还要伴随着微观领域的技术切换。据我了解，严育洪老师的这一成果有理念、有方法、有案例，是"有思想的技术和有技术的思想"的统一，为一线教师提供了贴心的支持。

联合国教科文组织"国际 21 世纪教育委员会"编写的《教育——财富蕴藏其中》讲道：教育的四大支柱是学会求知、学会做事、学会共处、学会做人。这就要求教育必须发生结构性的变革，让教育更好地与生活重叠。

任务驱动式教学是这样一项值得关注的成果，它使学生的学习从做题走向了做事，从为考试而学习走向为解决问题而学习，使教师的教从为结果而教走向了为思维而教，从知识本位切换到了能力本位和素养本位，也从改课走向了课改，从教学走向了教育。

学而不习则疏

有时候，一个准确的概念可以更好地引领实践的方向，可以更好地帮助我们抵达要去的地方。2017 年，郑州陈中实验学校在原来课堂改革基础上提出了一个全新的概念——"习育课堂"。有专家说，当下的教育人要穿越"概念丛林"，找到教育最本质的部分。但这并不意味着教育人在实践领域可以不需要概念。

习育课堂产生的源头可以追溯到《论语》里的"学而时习之"这句话。这句话可能有不同版本的解读。但陈中人的理解则聚焦于以下两点：一是学过之后要不断练习、实践、应用，习是学的深化，"学"与"习"结合起来才是"完整的学"；二是要把学习的内容通过强化练习，逐步变成一种可以自动化运行的习惯。基于这两点思考，习育课堂的内涵就更为丰富、深刻了。

习育课堂与当年陶行知先生倡导的"教学做合一"理念有异曲同工之处。陶行知说，教、学、做是一件事，而非三件事，在做中教才是真教，在做中学才是真学，教学做涵盖了人类教育的全部真相。从陶行知先生的这一主张出发，习育课堂则是"教学习合一"的课堂。"习"是承载"教"与"学"的重要载体，是连接"教"与"学"的重要通道。

我曾这样诠释课改的路线图，大致是"教育—学育—习育—化育"，即在教中育、在学中育、在习中育、在文化中育。育是核心，教、学、习、化则是育的修饰语。这样的划定不一定严谨，但是一定有助于我们更好地理解课改实践。教育、学育、习育最终都是为了营造"化育"的环境，奠定"化育"的基础，旨在走向"化育"的境界。所以，习育课堂强调"在行为上的习育，在精神上的化育"。

习育课堂坚持素养为本。让核心素养的培养在课堂上实现教学转化，是习育课堂的战略目标。这就要求每一位教师在课堂上能更好地兼顾知识的收获与素养的习得，既要有一堂课的短线目标，又要有一堂课的长线目标。

习育课堂是放大"习得"的过程，在"习"中实现育的功能。"学习金字塔理论"告诉我们，学的知识立即应用，24小时后的平均保持率达90%。所以，习育课堂强调体验与应用，强调以学生"习得"为中心来设计教学内容与教学方式。教师从原来的讲授者转变为"助学者"，进而从"助学者"升级为"助习者"。教师便借此协助学生在课堂上完成有质量的思考、有温度的习得。在这样的背景下，习育课堂一定是充满了"设计感"的课堂。每一位老师都将转化为"设计师"，这样的设计师必然要完成"四个转化"，即将知识本位的内容转化为素养本位的内容，将教学目标转化为学习目标，把教的过程转化为学和习的过程，将长线目标与短线目标转化为具体可测的评价标准。但这并不是要求一堂课要承载可以无限容纳的目标，而是要本着"一课一得"的原则，让目标瘦身，真正实现"少即是多"的教学效果。

习育课堂强调课堂是"练习习惯"的地方。练习自学的习惯，练习表达的习惯，练习倾听的习惯，练习合作的习惯，练习质疑的习惯……当教学从课堂中的每一个细节做起、从每一个习惯的培养做起的时候，教学的本义便不再被悬置。

习育课堂的"习"不是孤立存在的，它贯穿于学生的整个学习过程。它有一个相对完整的链条，包括课前、课中、课后的衔接，包括课内与课外的协同。"课前习"强调路径与方法，"课中习"意在提高课堂教学效率，"课后习"观照作业设计的价值。

习育课堂确立了一个流程，即"习读、习研、习说、习练"。这个流程是具有课程意义的。"习读"是自学，既可以发生在课前，也可以发生在课上，要放手让学生在习读中读出问题、读出有价值的信息，但怎么读、怎么发现问题，需要老师提供必要的自学路线图和方法提示。所以，习读的过程不是撒手不管，不是把放手变成放羊。"习研"是课上的合作与协同，这样的合作研讨一定是带着困惑、带着合作的需要投入研讨，避免被动的、无目的的、无共同话语基础的研讨。"习说"是课堂上有依据的表达，说出自己的想法或团队的共识性成果。需要强调的是，这个环节的"说"是与"听"相呼应的，当我们强调学生说的时候，必然有另一部分学生要认真倾听，所以，"习说"的背后一定包含了对学生倾听素养的培养。"习练"同样既发生在课上也发生在课下，强调有针对性、高含金量的练习，强调练习的设计与升级，倡导教师从课程视角重构作业设计，最大限度地避免重复性练习。尤其是，课后作业作为课上学习的延伸与拓展，要更有层次性和针对性。

流程描述的不是生硬的步骤，它承载的是有机的结构。习育课堂的每一个环节落实得灵活在于"理解"，落实得是否到位取决于你是否真正理解了流程背后的理念。当你真正读懂了目的，而不是囿于具体的手段，便会自然衍生出更多的手段。所以，我更愿意将习育课堂理解为一种"范式"，在范式之外还有变式。范式是学校提供通用的流程，变式则需要每一位教师去创造。

我相信，有一天在陈中实验学校的课堂上会诞生出一批精神长相一致的课堂变式。

提问课：给学生提出好问题的锦囊

这是一个真实的故事。

诺贝尔物理学奖得主拉比在 1970 年接受记者采访时被问道："你是怎么获得诺贝尔物理学奖的呢？"他说："我获得诺贝尔物理学奖，全靠我妈妈。"在拉比看来，母亲无意间把他变成了科学家。小时候每天放学回家，母亲不是问他："今天在学校学到了什么？"而是问他："今天你在学校提问了吗？你问了一个什么样的好问题？"

拉比一家都是犹太人。纪录片《走进以色列》里提到一位雕塑家用石头雕刻了一个巨大的问号，石头的质地尤其突显了"问"的力量。按照教育创新者贺雄飞的话说，如果说用一个符号代表犹太人的科学精神和思维传统的话，那就是一个大大的"问号"。

贺雄飞近年来一直致力于创新教育实践，在他看来，提问是犹太教育最核心的秘密。他总结了提问的五个好处：第一，善于提问的人具有强烈的好奇心、求知欲和较强的探索精神，这些人未来更容易在自然科学方面获得成就。第二，善于提问的人具有较强的观察力和想象力，这些人将来在艺术、文化方面往往具有创造能力。第三，提问能够锻炼人的语言表达能力，表达能力强的孩子自信心更强，未来容易在商业领域取得成功。第四，善于提问的人具有较强的逻辑思维能力，容易在哲学人文领域获得成就。第五，善于提问的人更容易解决问题。

同样总结过提问好处的还有哈佛大学教育学博士丹·罗斯坦先生，他曾创办了一个名为"正确提问研究所"的教育网站，他对提问的好处做了三点解释：一是经常提问的孩子学习会更专心，二是经常提问的孩子对学习更有责任感，三是经常提问的孩子学习质量更高。

贺雄飞在自己的实验学校里专门开设了一门"提问课"。提问课旨在提高学生的观察力和想象力，同时能提升学生的语言表达力、沟通力、逻辑思维能力和解决问题能力。提问课让教师对学生的相信成为可能。在没有标准答案的提问课上，教师可以坦然接受那些不完美的提问，学生会与有意思、有价值的问题不期而遇。

依据淘金式思维和海绵式思维，贺雄飞提出了淘金式提问和海绵式提问。所谓淘金式思维，即强调在获取知识的过程中，与知识充分互动，这种思维方式的重点在于提出质疑。所谓海绵式思维，即强调单纯获取信息，重点在于记诵与理解内容，而非提出疑问。海绵式提问往往是有标准答案的，而淘金式提问则很难有确定的答案。海绵式提问很多学生都能做到，而淘金式提问对于多数学生来说则是一大挑战。

众所周知，提出问题比解决问题更重要。好的问题可以帮你打开一个全新的世界。只有更多教师在课堂上多一些"灵魂提问"，才能激发学生在思维的海洋里淘金。但是，培养学生的问题意识和提问能力并不容易。教师如何唤醒提问意识，如何设计有召唤性的问题，是需要进行针对性培养的。

遗憾的是，我们的课堂文化并不真正鼓励学生提问，提问总是在不经意间被设置门槛，通常只有那些被教师认为有价值的问题才会被关注。

课堂上，不利于培养学生提问能力的现象主要表现在五个方面：

一是课堂上的"满堂问"现象。在课堂改革过程中的确出现了从

"满堂灌"走向"满堂问"的现象。"满堂问"的两个重要表现是，一方面碎片化提问充斥课堂，另一方面问题多来自教师而非学生，教师总是课堂上最忙碌的提问者。

二是投其所好的"虚假提问"。即使是鼓励学生提问的课堂，学生也总是朝着老师想要的答案提问。正是因为老师有意无意的引导，学生便学会了揣测老师的意图。他们为迎合老师而提问，也为迎合老师而回答，久而久之，便形成了课堂上的"泛问与虚答"现象。

三是课堂上存在大量的"封闭性问题"。有人将"封闭性问题"称为"瘦问题"，即那些通过查阅教材或资料就能直接找到答案的问题，基本上不用动脑筋就可以回答。这些问题通常无法激发学生的好奇心，也无法让学生兴奋。如果说"瘦问题"指基础性的"低阶问题"，那么"胖问题"则指向高阶思维。

四是教师提问后给学生预留的思考时间不够。因为教材进度和课时所限，教师的问题抛出后，一旦有学生举手，教师就立即示意学生回答问题。这往往会让学生思考得不够充分。《中国教师报》特聘专家王红顺就倡导课堂上要有两个"黄金等待期"：一是教师抛出问题后，要预留几秒钟时间等待学生的深度思考；二是学生回答不顺畅或错误的时候，要预留几秒钟等待学生修正、补充答案。

五是缺少问题支架。提问能力是需要培养的，指向高阶思维的提问是需要支架的，但是，课堂上常常缺少给学生示范提问的方式和方法。山东潍坊北海学校就如何提问给出了具体的支架，围绕一个事物可以从八个方面来思考：它是什么样子的？它是做什么用的？它是怎么来的？为什么这样？和我有什么关系？我为什么选择它？我是怎么看它的？我是怎么知道的？也即孩子们常用的"八大概念"：形式、功能、原因、变化、联系、责任、观点、反思。这就是"提问建模"，借此支架，学生就可以在具体的情境中提出有价值的问题。

在平时的采访和组织稿件过程中，我格外关注那些重视学生提问能力培养的教学成果。我所了解到的上海王天蓉老师的问题化教学、河南省南阳市教育局局长杨文普倡导的"疑探教学"、北京亦庄实验小学原教师纪现梅的"问之力"课堂、浙江省杭州市滨江区数学教研员顾志能的"生问课堂"等，都是鼓励学生提问的课堂实践。

苏格拉底说，人类最高级的智慧就是向自己或向他人提问。好的课堂一定是能用问题激发学生，让学生通过自己发现的问题宣告自己的存在。因此，在核心素养指向的课堂改革背景下，迫切需要通过开设"提问课"，培养学生的提问能力。学会问为什么，才能擦亮眼睛看见不一样的学习。

在提问课上，让学生成为问题的发起者，变"要我问"为"我要问"；学生不仅要善于发现问题，还要善于凝练问题，清晰、准确地提出问题，进而使碎片化问题形成一个问题链，让学生成为会提问的人；对于教师而言，要真诚善待那些跑偏的问题，保护问题意识，让学生成为想提问的人，教师不仅要引导学生直接提问、正向提问，还要不断递给学生提问的锦囊，引导学生进行对比提问、逆向提问、联想提问，推动提问的进阶。当然，学生的问题抛出后，教师能否接住，能否有高于学生的点评回应，同样是一大挑战。

有一种课叫"讨论课"

遇到学生说出的不同答案，老师会怎么处理？

在河南省洛阳市西工区的小学"讨论课"上，每一个不同的答案都会被倾听、记录，会被赞许，甚至会成为"作品"。

"尊重就是彼此看见和接纳。"

"宽容给我带来温暖和真正的友谊。"

"爱像太阳，照在身上很暖和。"

这些短小而不失哲趣的语录，语出天然，未经加工，都产生自孩子们最喜欢的讨论课。这些"经典语录"，配上孩子们的美术作品，成了颇有纪念意义的"儿童话与儿童画"的文创产品。

在讨论课上，没有"一言堂"，没有空洞的说教，没有标准答案，没有对与错的评判。课堂上实现了多重对话的交响，孩子们在相互讨论与倾听别人的发言中，不断修正或者加强自己对某一观点的理解。

近年来，西工区教育人不仅完成了"从成人立场到儿童立场"的立场切换，致力于为学生提供"有准备"的环境，而且开启了一门以关注人格和心灵建设为核心的"讨论课"，这一探索加速了西工教育的发展，是一项彰显本土化特质的课程创新成果。

携带着课改基因的"讨论课",其源头可以追溯到10多年前的课堂教学改革。从2007年起,西工区西下池小学就开始对山东杜郎口中学的课改经验做小学化改造。课堂上逐步有意识地将"自主、合作、探究"理念进行技术化落地。直到有一天,"自主、合作、探究"从课堂技术因子沉淀为文化因子,于是,基于独立思考和创造性表达的讨论课应运而生。

具体到教学中,他们摸索出了一套行之有效的讨论课流程。第一部分是"能量朗读",教师指导学生朗读一些与主题相关的经典段落;第二部分是"主题导入",通过视频、故事、绘本和图片等切入讨论主题;第三部分是"小组讨论",学生针对问题进行小组讨论,问题环环相扣、层层深入;第四部分是"集中分享",每个小组选一个代表进行班内分享;第五部分是"总结点拨",教师根据学生的分享情况进行最后提升总结;第六部分是"整理观点",围绕主题整理学生相应的经典观点。

讨论课上有两名老师,一个是主班老师,一个是配班老师,主班老师负责课堂教学的组织和推进,配班老师负责记录讨论中学生说出的精彩观点。两位老师的协同让课堂成果的可视化成为可能。

讨论课所展示的不是单一学科的世界。它基于学生"认识自我、认识他人、认识社会"确定了贴近学生生活和成长需要的系列主题,既有历久而弥新的话题,也有与时事新闻结合的话题,还有一些相当深刻,甚至有些难懂的话题。比如"爱""规则""公平""友善""朋友""我眼中的男生女生""什么是暴力""校园欺凌""欣赏自己""每一个人都是独特的""我们为什么要上学"……不同的年级有不同的主题,同一主题下不同学校、不同班级的教学设计也有很大不同。孩子们在讨论课上可以踮起脚看到一个新的世界。这些主题的讨论为学生打开了一扇窗,也垫起了孩子认识生活的高度。

尽管各学校开展的讨论课各有特色,但西工区对讨论课主题设置提出两点刚性要求：一是充分体现学习主体是学生，二是讨论的主题一定要符合学生的年龄特征和心理特点。

在这里，讨论不再是一种学习方式，而是一种课型，是一门师生共创的课程。如今，升级后的讨论课早已超越了最初的设计，它不仅仅是班会课，是合作学习技能练习课，是哲学启蒙课，是批判性思维训练课，也是跨学科整合课，还是思政课。

讨论课是"去知识"的课堂。无论是课堂环节中的能量诵读还是经典观点，更多的是滋养孩子的心灵，为孩子编织一个更丰富的精神世界。在西工区教体局局长李艳丽看来，儿童的成长需要两种养料，一个是滋养头脑的食物——知识，一个是滋养心灵的食物——爱。显然，讨论课为孩子的身心健康成长补充了完整的食谱。

讨论课上是主张"去评价"的。每一个孩子的观点都会得到老师和同学的回应，但不是贴标签式的评价。于是，讨论课上没有灌输和说教，老师要做的就是认真倾听每一个孩子的表达，给孩子无条件的接纳与关注。一定程度上说，讨论课对老师最大的挑战不是总结点拨，而是倾听。

讨论课是学生不怕出错的课堂。讨论课需要充分的师生对话、生生对话，这自然打破了那种独白式教学，学生走进对话的中心，有准备地参与讨论，有言之有物的对话。当讨论课上"安全、自由、平等、尊重"的文化被充分彰显，这样的课堂便被赋予了新的特质：原来师生单向度的线状交流变成了师生、生生多元互动的网状交流。

戴维·伯姆在《论对话》一书中说："对话追求的是平等、自由、公正地进行交流和沟通，谈话者之间尊重彼此的人格、观点和观念，能够形成充分的友谊感和信任，每个人都认真地倾听他人的意见和看法，每个人也都能彻底地表达出他内心深处最真实的想法和看法，然后让不同的观点和意见之间彼此碰撞、激荡、交融，从而让真理脱颖而出。如果要为谈话找出一个目的或动机的话，那么谈的意图是为了实现最自由、最彻底、最无拘无束的交流和沟通，在谈话过程中去探索和发现真知和灼见。如果为谈话确定一个结果的话，他期待的结果是所有人从中受益，实现双赢、共赢、一赢俱赢。"这段话可以为西工区的讨论课作注，也是讨论课追求的高阶目标。在李艳丽局长看来，"每一次讨论，不在于你分享了什么，而在于你思考过、讨论过、修正过，这个过程才是最重要的"。

整理课：让学生走出不会学习的围城

    第一次看到"整理课"，是 2013 年在浙江宁波象山港书院。这是一所全日制初中，该校以建立个性化学习策略和养成可持续发展的行为习惯为主要目标开发了这一课型。它与练习课、复习课、自习课等课型有较大区别，具有独立的时间单元与课程目标，有独特的内容体系与实施方式。后来我专门邀请校长周成道撰写文章作为课堂微创新的案例刊发在《中国教师报》上，并邀请该校教师在报社主办的一次课博会上展示过一节课。

    8 年后，我到温州采访时发现，一位校长探索整理课已经 20 多年时间，并且从最初的整理课上升为更系统、完整的整理教育。这让我兴奋不已。于是，我不断关注并探寻背后的秘密。

    这位校长就是白莉莉，她曾是温州实验小学校长，是浙江省特级教师，也是享受国务院政府特殊津贴专家，整理课的源头就在这里。起初，白莉莉只是设置了"整理课"，安排在每周一、三、五的最后一节。整理课上，学生可以反思一下当天哪些知识掌握了，哪些问题还没有明白，可以带着问题去请教同学或者老师。对于白莉莉来说，当时，整理课只是一个普通的想法，希望孩子们每天像整理家务一样整理自己的学业。后来整理课不断发展，并在全市得以推广。

退休后的白莉莉到温州道尔顿小学担任校长，这所小学秉持道尔顿"自由与合作"理念，推行原创性"整理室计划"成果，创造适合每个孩子幸福成长的"笑园"。在这里，白莉莉开始对整理课进一步升级完善。

如今在道尔顿小学，每天都有一段美好的整理时光。整理课已经由原来一节整理课变成一种整理教育，自成体系。整理教育是将学生自理、自学、自律的"整理"能力作为促进其全面发展和终身学习的基石。通过整理让学生亲身经历内在的情感体验，实现人格的全面发展。整理教育注重学生自主学习能力与品质的培养及内在生成，以学业整理为主，辅之以心情整理、学习工具整理，并促使教师整合资源、合作教学，给学生适宜、有效的指导，最终形成学生"理学、理心、理身"，教师"引导、启发"的全人整理模式。

整理教育是一个逐步拉长的链条：每日有整理课，每月有整理日，每学年有整理综述。在道尔顿小学，原先每周3节的整理课，逐渐增加到现在的5节，学校还把整理教育的理念贯穿于教育教学的一切活动中。

我们先来看看这里的学习环境。学科整理室，是道尔顿小学独有的个性化学习空间。学校根据低中高段学生的不同需求，在教学楼每一层设有专门的学科整理室。学生可以自主选择在教室做全科整理，也可以到学科整理室做某个学科的知识整理。

学科整理室为学生提供四大支持：资源支持、导师支持、伙伴支持、活动支持。比如，学科整理室配备了诸多学习资源，有图书、电子资源、平板电脑等，当然还有可以预约的导师。导师会为在整理课上完成了基础作业的学生及时提供更符合他们需要的学习套餐。在导师之外，还设置有小导师，即学生导师，随时帮助同学解决学习上的问题。

整理课上专门设置了"零帮助时段"。因为有了零帮助，学生学会了独立思考，然后再寻求同伴、导师支持。白莉莉说，"这个时候别人给予他的帮助，他就会很珍惜，然后他自己也会变得很愿意去帮助别人，给予与接纳，相互之间会有一种美好发生"。不需要帮助的学生，就可以来到整理室。按照白莉莉的解读，整理课是从"学科"到"全科"的必然迁移，是学生从"学会"到"会学"的能力运用。

这里还有支持学生自主学习的"两单一卡"，即作业合同单、自主规划单、自主学习卡。"两单"是学生自主学习的导航，"一卡"是学生自主学习的能力支架。每周一学生会自我制订好本周的整理规划单，交由科任教师审核，科任教师会提出具体的建议，学生再调整修改。

在"双减"背景下，道尔顿小学的"合同作业"再次受到关注。从整理教育理念出发，学校基于"合同的形式""整合的内容""差异的规划"三个原则设计适应低中高三个不同学段的作业合同单。"合同作业"整合各学科作业任务及信息，融合健康、睡眠、阅读和品德等育人作业，整体规划和设计一周内所有的作业内容与要素。同时，学生通过"合同作业"自主选择学习任务，自主规划作业时间和顺序。"合同作业"构建培养自主学习者的作业新体系，推动了学生差异化的作业行动路径和个性化学习元认知的发展，减轻了"齐步走"和"一刀切"的作业负担。

整理课是"去设计化"的，可以更好地赋能学习责任和学习素养。如果说整理课旨在培养自觉、自主，能够监控和管理自己学习的独立学习者，那么，道尔顿小学的"整理教育"不是汪洋大海中的孤岛，它的前端连接着学校的办学理念，它的后续是学习力觉醒与解放。整理教育给学生提供了自主学习的机会，给教师则提供了个性化教学的机会。整理教育不只是把整理当作一种技能去训练、去培养，让整理成为一种伴随孩子一生的学习习惯、生活习惯，才是目的所在。这是整理教育带给我们的启示。

整理的确是一项值得学习的重要素养。无论是整理课还是整理教育，都值得去细细研究。对于大多数学校而言，即便无法像道尔顿小学那样开设整理课，至少可以把课堂"小结"环节改造为以"整理"的方式进行小结。因为据我观察，课堂小结至少存在如下问题：（1）通常是教师在替学生总结；（2）通常是口头总结；（3）习惯于仅从知识角度来总结。而课堂整理则倡导从教师小结走向引导学生自主小结，从仅用口头小结走向用思维导图等思维工具小结，从单一对知识小结走向对知识、思维、元认知三个维度的全息小结，从课堂上总结延伸到课后以学科写作的形式总结。

期待更多学生通过整理走出不会学习的围城。

重新认识自习课的地位与价值

在"双减"和在线学习的双重背景下，学生可以自主支配的时间多了，如何做好自我管理、自我规划，实现高质量的自主学习，变得格外重要。尤其是疫情期间的在线教学，让我们深刻认识到，在低控制环境下的学习多么低效甚至无效。我们必须直面被虚假的教学繁荣所遮蔽的一个问题——学生的自主学习能力到底怎样？

疫情期间，来自温州市的一项调查结果表明：有78%的家长更希望培养孩子的自主学习能力，占比最高。这也意味着，有78%的孩子是缺乏自主学习能力的。

学习是一件高度私人化的事情。学习初始阶段和最高的境界都是自学，正如有专家所解读的，自学是与教育资源背后的人协同思维，合学是与身边的人协同自学。某种程度上说，测量课堂品质的一个重要标准是，学生是否有足够的自学时间，即可自主支配的时间。

数学特级教师张宏伟在其全景式数学的课堂上格外强调学生自学。为了最大限度地支持学生的"自成长"，张宏伟在二年级开设了"课前为什么要自学""课前怎样自学"系列课程，以此激发学生的自学需要。张宏伟说："如果把每天课堂上40分钟的很多时间耗在自学就能解决的问题上，实在太可惜了。"对于教师而言，备课时的首要工作是了解学生到底哪里会了，哪里不会，进而找到不得不教的知识点。

同样是数学特级教师，北京四中已故特级教师周长生先生也是一个不折不扣的自学理念捍卫者。

在周长生先生90岁生日时，那些在海内外工作的学生纷纷回到北京为他庆祝生日。待所有学生坐定，老先生起身向所有学生鞠了一躬，然后说："老师鞠这一躬，是向大家表达歉意，也许同学们都认为我是一个好老师，但是，我越来越反思到，当年老师给你们讲得太多，讲得太细，以至于减少了你们大脑做艰难思考的机会。"

在周长生先生看来，越是讲得好的老师对学生可能伤害越大。在他的《为不教而教》这本书中，他引用同事——北京四中化学特级教师刘景昆说过的话："难题只能想通，不能讲通。""如果你能说出充分的理由证明这句话是错的，你就可以大讲特讲，否则你就应退出讲台。"周长生说："教师只有帮助学生学会自学，才可能提高自身的地位。教师讲得好、讲得细可能是一种罪恶，因为他容易让学生产生懒惰思想，容易让学生成为'思维的二流子'。"

他认为，最重要的自学方法是阅读。阅读要做好三件事：第一，阅读是一切学习的基础，尤其是自学的基础。第二，阅读是有方法的，阅读尤其是数学阅读要逐字逐句，字斟句酌，反反复复地读。第三，阅读不是一日之功，只有坚持多读才能提高阅读能力，否则就可能被削弱，阅读对于大脑的作用就像锻炼身体一样。总之，你的气质和言行里藏着你读过的书和悟过的理。

后来在采访周长生先生时才知道，他个人在求学时期就是一个不折不扣的自学典型。他当年从河南开封考入西南联大，进入了北大物理系。北大物理系被称为"老虎系"，也就是最难考的系。最初当他说出自己报考学校的目标时，身边的同学没有人相信他能考上，甚至有人嘲笑他，因为他的学习成绩在班级里并不出众。但是，通过一段时间的努力学习，他最终如愿以偿，考进了这个"老虎系"，与"氢弹之父"于敏成为同班同学。用他自己的话说，他"是通过大量自学实现理想的"。

毕业后他一直从教，致力于做"让学生学会自学"的点灯人。临终前他还在指导一个高中班做基于自学的大尺度改革，进行全息的自学实践。这个班里有两名教师，一名教师负责后勤生活保障，一名教师负责学习上的答疑解惑，说是答疑解惑其实更多是学习方法的点拨者和学生进步的欣赏者。支持这些学生学习的真正的老师，是隐藏在云端的"大师"——各种视频资源。这些在野生的学习环境里进行的学习，才是真实有效的学习，学生习得的素养才是带得走的素养。

所以，自习课才是值得关注的一堂学习大课。它支持的是可以自由选择的异步学习。自习课自然强调学生的自主学习。自主学习至少有三个特点：有清晰的具有挑战性的目标；能准确自我评估学习基础在哪里；能合理安排自己的时间，并掌控学习进程。

郑州一中原校长朱丹曾精辟论述过自习课的地位与价值。他主张将自习提升到与其他学科课时同等重要的位置，安排足量的自习时间，目的是最大限度地增加学生学习自由度，解放学生的学习时间。

朱丹说，自习课是属于学生的，学生是自习课的主角。自习课堂上，做作业仅是学生的一项学习任务，在这段宝贵时间中，要整理课堂笔记，要对原先学过的、刚刚学过的知识进行反刍、梳理、归类；要修补薄弱环节；要预习即将学习的下一单元；还要查阅资料，追本求源，以达到融会贯通。

并不是所有学生都会上自习课。朱丹直言，有些学生已经适应了填鸭式教学，丧失了觅食的能力，对这样的学生来讲，没有了作业，就没有了学习任务；还有的学生厌倦了读书，对堆积如山的作业干脆采取放弃的态度，去聊天，听音乐，天马行空地回想让他兴奋的球赛、街舞表演……

在朱丹看来，自习课堂的重要任务就是：修复读书的欲望，校正不良的习惯，强化学习定力，优化意志品质。

自学能力只有在大量的自学中才能练就。今天比以往任何时候都更需要重视学会学习。怀特海说，"教育的目的是激发学生的自我发展"。我想，自习课就是通过自学、自问、自答、自赏、自娱等提升自我管理能力，让学生学会学习的重要途径。

课程改革的深入推进，不仅需要教师准备好热情、共识、理念，还需要准备好具体的技术；不仅需要从少数人的研究走向多数人的实践，还需要学校和区域从点到面的推进策略护航。

素养时代的教学改革要从"以学习者为中心"走向"以学习为中心"，从碎片化的知识世界走向相对真实的生活世界。

如果学习逐渐转向以做事情为中心，学生做完整的事，完整地做事，那么核心素养将在这样的学习中有效落地。

"学习是需要设计的"，以大概念统领，以大单元呈现，以大任务驱动，用学习逻辑来缝合基于学科逻辑与生活逻辑的知识，让学生在学习中建构"专家思维"。

逆向教学设计这一方法打破了过去教学设计的"刻板印象"。它追求的是基于"理解"的教学，其关键和精髓是"建立知识间的联系，并将知识迁移到新的环境和挑战中，而不仅仅是知识的回忆和再现"。

当教师以课改精神主持在线学习，"慢学习、自学习、搜商"成为在线学习的应有之义，这将是疫情期间在线学习的正确打开方式。

如果课堂改革不能及时回应学生的学习困境，那么，他们就会在日积月累的"不懂""不会"中沦为"貌似认真的虚假学习者"或"问题生"。

好的教育不是授之，而是遇见。一位好教师就是不断让学生遇见好的方法，然后结合学生的学习风格和学习兴趣，协助他们形成自己独有的学习方法。

任务驱动式教学使学生的学习从做题走向了做事，从为考试而学习走向为解决问题而学习，使教师的教从为结果而教走向了为思维而教，从知识本位切换到了能力本位和素养本位，也从改课走向了课改，从教学走向了教育。

只有更多教师在课堂上多一些"灵魂提问"，才能激发学生在思维的海洋里淘金。

整理教育不只是把整理当作一种技能去训练、去培养，让整理成为一种伴随孩子一生的学习习惯、生活习惯，才是目的所在。

自学能力只有在大量的自学中才能练就。

写在最后

从 2002 年到 2022 年，我的教育媒体生涯走过了 20 年。20 年，岁月不居，时节如流，却把我对职业的那份热爱淘洗得更加深沉。这自然让本书的出版多了一点仪式感。

我的职业生涯几乎是与课程改革同步开始的。学新闻专业的我工作后第一次从一位校长口中听到苏霍姆林斯基这个名字时，一脸的懵懂。尽管日常工作中我也一直努力写着自己懂的部分，但是，我觉得作为教育专业媒体的记者，不能仅仅停留在报道教育新闻层面，还要能解读和阐释，以专业视角解释课改中的那些新经验和新现象。

这本书中的每一篇文章都是我在某一刻对课改现象、经验和事件的一种观察和解释。对课改保持思考，对新事物、新现象保持敏感，这是教育媒体人的职业精神所在，也是对抗自己职业倦怠的努力。

如果要寻找一个转向课堂教学专业报道的节点，应该是在工作了 4 年后，采访河南西峡"疑探教学"改革的经历。那次采访让我明白了一个课堂改革的经验是怎么产生的，一线教育者为什么对成功的教学经验如此迷恋，课堂改革为什么需要重塑教学流程，"疑探教学"这个经验与其他典型经验相比，其价值贡献到底在哪里。我也知道了有一种改革是因为"困则思变"。当我还困惑于如何成为一名专业记者的时候，诞生于山区小城的"疑探教学"经验帮我打开了一扇窗。

我第一次意识到，切近教育的专业性，比追逐文字表达本身更有价值感。我不能只沉浸在采访技巧和叙事方式的探究上，尽管对于记者来说这很重要，但是教育媒体记者还有更重要的挑战，就是深入行业内部，与站在改革潮头的先行者对话。

伴随着《中国教师报·现代课堂周刊》的创刊，我有更多机会可以走进课堂，我甚至还曾试水上课，站在公开课的讲台上感受与学生互动的温度。

记者最大的真诚，就是倾听来自实践田野里的声音。一段时间以来，我更像是一个课改经验与理念的收集者。在不断地行走、采访、观课、调研中，我遇见了很多有趣的灵魂，听到了那些"不安分者"的改革故事，这些都在刷新着我对课改和教学的认识。我不能辜负自己喜欢的这个职业，也不想辜负自己曾经对某一问题的思考。对于校长和教师而言，课改是改进教学、提升教育品质的方法，而课改之于我，则是专业成长的重要路径。我的热情总是不自觉地投注在对现象的感知和观察上。只有走到生动的课改现场，才能呼吸到新鲜的课改氧气。哪里课改的水草丰美，我的触角和文字就向哪里迁徙。

于是，围绕这些现象、问题附加一些自己的理解，我开始了观察的输出。如果说学者负责生产知识，教师负责生产好课，管理者负责生产改革经验，那么，媒体人则负责观察与记录。只有深度参与过、见证过，才有热情记录；只有不断走进课改现场，不断采访、记录，才能让自己的职业人生具有作品感。

当然，我更在乎的是，自己所写下的文字与当下课改的切近性。其实，每一次采访都像是一次思考的训练。这本书中的每一篇文字都携带了我自己的思考，也承载着某一现场的记忆。书中不少篇章的灵感来自课堂现场，或与名师、专家的对谈，那些自认为有价值的选题通常是在这样的过程中积攒下来的。

从某种程度上说，不是思考了才去写作，而是写作时才能掘进思考。我的职业就是负责表达的，我不想浪费每个时期对教育的思考，哪怕 N 年以后看起来是肤浅的、稚嫩的。出版一本书不是目的，留住一段生活才是目的。我固执地认为，只有文字才是最真挚的岁月留痕，除此之外，皆为旁白。一本书就是一段工作的印记和回望，也是在为一段生活打个结，或许打结的过程就是赋予意义的过程呢！

每个人都有自己的认知偏见，这本书也一样。一个人写不出自己不懂的内容，也自然写不出认知盲区里的事物。我深知自己的知识储备不足以支持我看见更多或解释更多。作为记者，这是"眼力"和"脑力"的局限。我希望当有读者读到这本书时，首先不是全然接受书中的观点，而是不断有怀疑和批判思维的参与。

与此前出版的两本书——《立场——20 位课改人物访谈录》和《中国民办教育观察》一样，这本书也是我工作的副产品。在工作中，我写着写着便有了一本书。这本书的出版是我坚持写《行业观察》专栏和"主编手记"带来的奖赏，如今，重新整理这些文字，不只是梳理关于课改思考进化的脉络，不只是为那份热情备份，也让这种日常坚持的意义变得更加确定。

文章不厌千回改。在整理书稿的过程中，几乎每一篇文章我都再次做了修改，原来的结构不断被推翻，重新组合成新的结构。

一本书经由出版遇到读者，从此就有了自己的命运。期待这本书能成为一个漂流瓶，可以被那些"有热情的行动者"打捞到，然后传递给更多"有热情的行动者"。每个时代的"好教育"与"坏教育"都是共存的。每一位行动者只有保持清醒识别"好坏"，保持热情奔赴改革，方能治困化厄。我希望，通过一代代课改人的努力，教育问题的清单可以短一些，再短一些，教育积极变化的清单可以长一些，再长一些，也希望这本书能陪伴更多课改人执着地走在教育改进的路上。

当您看到这本书时，我所在的《中国教师报》已经迎来了创刊 20 周年。20 年来，这份报纸非常慷慨地把关注的视角聚焦于教师成长和课改实践。这本书天然携带着这份报纸的墨香。我要感谢这个教育媒体"国家队"赋予的视野与职业精神，让我可以保持一颗敬畏心去编织一张与课改有关的"意义之网"。我还要感谢我曾经供职过的《教育时报》，我过往20 年的职业生涯中，有 8 年是在那里度过的，在那里我积攒下了可以消费一生的职业热情。两个单位文化不同，报纸的定位也不同，但都给了我满满的滋养感。

感谢江西教育出版社总编辑桂梅，她每次来北京出差都不忘拐到报社聊聊书稿的事情，并亲自担任本书的责编，这是信任，也是激励。

感谢吕同舟副社长为拙作作序，笔耕至凌晨。感谢成尚荣先生、李振村先生和陈静静博士在百忙中欣然为本书撰写推荐语。

感谢一路上遇到的那些有勇气、有故事投身课改的人。

感谢所有读到这本书的人。

2022 年 12 月 10 日于北京